Ⓢ新潮新書

佐伯啓思
SAEKI Keishi

反・民主主義論

687

新潮社

まえがき

２０１５年から16年にかけて、どういうわけか「民主主義」の意味を改めて問いかけたくなるような出来事があいついだ。それも日本だけではなく、世界的にである。

まず日本では、２０１５年の夏に、集団的自衛権にかかわる安全保障関連法案の審議がなされ、その合憲・違憲が論議の的になった。国会前では、久しぶりに（といっても、かつての60年安保や70年安保時に比すれば、随分とおだやかに）連日「大規模な」デモがくり広げられ、「民主主義を守れ」の「大」合唱となった。11月には、フランスでＩＳ（イスラム国）によるパリ同時テロが起きた。フランスの自由や民主主義への攻撃といってもよい。それに先立つ1月には、フランスの新聞社がやはりイスラム過激派の影響を受けた若者に襲撃された。フランスでは「表現の自由を守れ」の大合唱である。

２０１６年になると、アメリカの大統領選挙でいわゆるトランプ現象が生じた。これなど、アメリカ民主主義の今日の姿を如実に示している。この相当に特異なキャラクターを相当数の人々が熱狂的に支持し、また、相当数の人々はとてつもない嫌悪感を表明した。いずれにせよ、大統領選挙といういわばアメリカ民主主義の最高の舞台でくり広げられたのは、国を二分する拍手と怒号であった。

日本ではこの年の選挙から選挙権年齢が18歳以上へと引き下げられ、そのもとでの最初の選挙となる参議院選挙が7月に行われ、いわゆる改憲勢力が三分の二を確保した。その気になれば、民主的手続きをへて、戦後初めての憲法改正を発議できるのである。また、この7月末には東京都知事選挙も行われた。盛り上がりを見せたのは参院選よりむしろ東京都知事選の方で、これなど、ほとんど政策論の展開も論争もないまま、ネガティブ・キャンペーンを伴ってメディアを舞台にした人気投票、もしくはイメージ合戦の様相を呈したのである。

さらに、6月末の国民投票でイギリスはEU離脱を選択した。このいささか予想を裏切る結果に対して、多くのメディアは、この選挙をポピュリズム的と批判したのである。離脱派の指導者が国民受けを狙って無責任な事項を並べ立てて、国民を情緒的に誘導した、という。そういう面はあったのかもしれないが、それこそが民主主義ではないかといいたくもなる。なにせ、国民投票こそは国民主権の究極の発動だから。

確かにEUも動揺している。それは経済の停滞というだけではなく、民主政治の問題でもある。経済的格差や移民の急増によって大衆の不満が増大する。すると民主主義はたちまちその不満を政治化してしまう。政治は不安定になる。これは民主主義の機能不全ではなく、逆に、民主主義が機能しすぎているのである。こうして左右両極の移民排斥派が台頭し、ナショナリズムが席巻し始める。

これだけ列挙しただけでも、21世紀のこの時期に、「民主主義」が改めて問題になっているのだ。フランス革命やアメリカ独立によって、自由や民主主義や憲法が高々と近代社会の原理として掲げられてから２００年以上が経過してからなのである。

日本では昨年（２０１５年）は「戦後70年」であった。戦後憲法も戦後民主主義も戦後平和主義も定着したはずであった。ところが、昨今の事態は、とてもではないが、定着どころではない。むしろ、その欺瞞が露呈してきたというべきなのである。70年たってようやく、われわれは、この三点セットを無条件の正義とみなす呪縛から解放されつつある。

ここで露呈したことは、「国家」「憲法」「民主主義」「平和」「国防」といった政治学の、そして「国」のもっとも根幹にかかわる概念について、いったいわれわれはまともに思索を張り巡らせたことがあったのか、という事実である。われわれは、それらをすでに所与の自明の概念とみて、真正面から向き合うことを回避してきた。「民主主義を守れ」「憲法を守れ」というが、われわれは、「民主主義」とか「憲法」が何か、本当にわかっているのだろうか。そもそも考えたことがあるのだろうか。その前に、それを疑うことをタブーにしてきたのではなかっただろうか。

本書で、私は、2015年から2016年に生じた出来事を素材にして、「民主主義」や「憲法」を論じてみようと思う。それが何なのかを、私なりに考えてみようと思う。ここには、唯一の「正解」はない。ただ、どのように考えればよいか、問題はどこにあるのか、それを私なりにさし示してみたいのだ。さもなければ、いつまでたっても、われわれは護憲・改憲の党派的対立から抜け出せず、また、民主主義の名のもとに、われわれの政治はとどまるところをしらず混迷に陥っていくだろうからである。その先に多少なりとも、政治に希望を見出せるとすれば、われわれは、民主政治というものに、過剰な期待や絶対の正当性を付与することを慎むことこそが条件となるだろう。どうして私がそう考えるか、それは本書を読んでいただきたい。そして、読者の皆さんに吟味していただきたいのである。

反・民主主義論∞目　次

まえがき　3

第一章　日本を滅ぼす「異形の民主主義」　13
「憲法と戦争」への疑問／「平和」という憲法の欺瞞／「国を守る」とは何か／戦後日本の〝陥穽〟／アメリカに従属してきた日本

第二章　「実体なき空気」に支配される日本　35
マスメディアと政界の「空気商売」／「9条平和主義者」はエゴイストである／「決められない」政治と「決めた」首相／戦後日本で起きた「下克上」

第三章　「戦後70年・安倍談話」の真意と「戦後レジーム」　57
安倍談話という「くせもの」／安倍談話の本当の恐ろしさ／「侵略戦争」とアメリカ歴史観の囚人「日本」／70年前の日本人は何を考えていたか／日本の宿命があった時代

第四章　摩訶不思議な日本国憲法　79

「憲法を守れ」とはどういうことか／憲法にみる「法的手品」／根本に何があるか／「神」も「思想」もない日本人の憲法とは

第五章　「民主主義」の誕生と歴史を知る　99

「デモクラシー」は「民主主義」にあらず／「平等と自由」で排除される人／誕生の発端は〝人違いの殺人〟／民主主義を育んだ「戦争」と「植民地」

第六章　グローバル文明が生み出す野蛮な無差別テロ　119

アラブの言い分とは／「表現の自由」より優先される「信仰」原理／西洋近代「文明」とイスラム「文化」の衝突／正義への「驕り」が「野蛮」を生み出す

第七章　少数賢者の「民本主義」と愚民の「デモクラシー」 139

「人間可謬説」から出てくる三つの案件／デモは毒にもクスリにもならない／「民主主義」という語を避けた吉野作造／少数賢者と「品の悪い権力闘争」

第八章　民主主義政治に抗える「文学」 159

福田恆存「一匹と九十九匹と」を読む／知識人ほどインチキなものはない／「個」を抹殺する「民主主義の罠」／抗えるのは内なる「文学」だけ

第九章　エマニュエル・トッドは何を炙り出したのか 179

『シャルリとは誰か？』の要点／「ゾンビ・カトリシズム」とは何か／共和国の精神とフランス革命／「知」を失った民主主義

第十章　トランプ現象は民主主義そのもの　199
なぜ「非常識」が支持されるのか／大統領選は野蛮で騒々しい見世物／崩壊へのパラドックス／民主主義を恐れた建国者たち
あとがき　219

第一章　日本を滅ぼす「異形の民主主義」

「憲法と戦争」への疑問

２０１５年６月の国会では、集団的自衛権の行使を一定の範囲内で認める安全保障関連法案が審議されました。いや審議というようなものではなく、野党の反発にあって、まったく先へ進まないといった状況でした。衆議院の憲法審査会に参考人として招かれた三名の憲法学者が集団的自衛権は憲法違反であると述べ、これに勢いづいた野党は同法案を廃案にすべしと息まき、護憲派の識者たちも憲法を守れの大合唱となったのです。

いうまでもなく日本国憲法９条は、戦争の放棄とそのための「戦力」の不保持をうたっています。９条の全文を書くのも少し長いので、改めてその要点だけを書いておくと、次のようになる。

「日本国民は国際平和を誠実に希求して、国権の発動たる戦争と武力の行使を永久に放棄する。そのために、陸海空軍などの戦力は保持せず、国の交戦権はこれを認めない」

昔、私が高校生の頃に憲法を読んだとき、いささか唖然としたものでした。これではいったい日本が攻められたときにどうするのか。当然の疑問でしょう。いや、未だにこのあたりの9条解釈は確定していないのです。

このまま条文を読めば、日本は一切の自衛の戦争もできません。自衛権さえも事実上、否定されているように読めます。そこで「戦争放棄」の「戦争」を仮に日本が仕掛ける「侵略戦争」と解釈し、侵略戦争は否定されているが、自衛の戦争までは否定されていないと解したとしても、後段（9条2項）において、一切の「戦力」も否定され、「交戦権」も否定されているのですから、事実上、自衛の戦争もできません。仮に戦争となっても、自衛隊は使えないのです。なぜなら、もし自衛隊を使えば、それは「戦力」になってしまうからです。バカげた話というほかありません。せいぜいできることは、警察力によって侵入者を排除したり、市民が自衛・蜂起するだけだ、というようななさけないことになるでしょう。

自衛権とは、外国からの急迫または違法な侵害に対して自国防衛のために一定の実力を行使する権利ですが、この意味での自衛権は、国連憲章の51条でも保障されているように、通常の独立国なら当然もっている。日本も独立国である限り、自衛権、特に個別的自衛権は当然もっているはずです。

しかし問題はその次で、自衛権はもっていたとしても、それを行使するための「戦力」は保持できない、というのです。武士は刀をもってもよいが抜いてはならない、というようなものでしょう。

では「戦力」とは何か。通常それは、軍隊、あるいは、有事において軍隊に転化しうる程度の実力部隊である。そして軍隊とは、外敵の攻撃に対して国土を防衛するために実力をもってこれに対抗する組織、とされる（たとえば芦部信喜『憲法』参照）。

では自衛隊はどうなのか。これはどうみても「戦力」というほかないでしょう。いくらなんでも自衛隊を「有事において軍隊に転化しうる程度の実力部隊」ではない、というわけにはいきません。いやそれどころか、「有事において軍隊に転化して」外敵から国土を防衛するためにこそ自衛隊はあるのです。実際、昭和29（１９５４）年に自衛隊が創設されますが、そのさい、自衛隊法の３条には、自衛隊の任務は、わが国の独立を守るために、直接侵略もしくは間接侵略に対してわが国を防衛すること、と明記されたのです。

戦力たる自衛隊は、憲法学的にいえば、当然、違憲というほかないでしょう。あるいは、それは存在するとしても自衛権の行使には使えないでしょう。ということは、個別的自衛権も事実上、否定されているのです。集団的自衛権どころではありません。9条をそのまま解釈すれば、個別的自衛権も「保持はするものの行使はできず」ということになるでしょう。

そこで、もともと自衛権は行使できないとしていた政府は、昭和30年代になると見解を改め、憲法解釈を変更するのです。つまり、自衛権は9条においても否定されてはおらず、自衛のための必要最小限の実力を保持することは、憲法で禁じられた「戦力」にはあたらない、というのです。自衛隊は最小限の「自衛力」であって「戦力」ではない、というのです。

もちろん、「常識的」にいえばこんな「非常識」な解釈はありません。「戦力」ではない自衛隊が、どうして「わが国の防衛」にあたることができるのでしょう。

ほとんど無理を承知の屁理屈というほかありません。それに比べれば、自衛隊は違憲である、9条は事実上の自衛権の行使を否定している、という厳格な憲法学者の方がはるかに「理屈」は通っているのです。

しかし、だからやっかいなのです。憲法の法理に従えば、どうも自衛権の行使も危うい。となると問題は、では日本の防衛はどうするのか、ということになるからです。本来は憲法のために国があるのではなく、国のために憲法があるはずです。もしも、憲法を厳格に守ったために国が滅んでしまったとなれば、もとも子もありません。もっとも、それでこそ歴史に名を残す偉大な国民として、めでたく憲法前文にいう「国際社会において、名誉ある地位を占めた」という話になるのかもしれません。ただし、正義の戦いを雄々しく戦って敗戦・消滅して歴史に名を残した国はあるかもしれませんが、一戦も交えずに憲法を枕に討ち死にというのはめずらしいでしょう。世界記憶遺産に登録されるかもしれません。

しかし、私は世界記憶遺産などにはまったく関心がなく、それよりも、現実の日本の防衛の方が気になります。

いったい憲法学者はどう答えるのでしょうか。そもそも、自衛隊は合憲なのか違憲なのか。合憲ならそれは「戦力」なのか否か。それは「交戦」できるのか否か。果たして自衛権はあるのか否か。

こうしたことさえ、憲法の枠組みで確定的な回答はないのです。説が分かれているのです。集団的自衛権どころの話ではありません。恐るべきことというほかありません。このような問いを発しなければならないこと自体が相当に不思議な国なのではないでしょうか。

「平和」という憲法の欺瞞

当時の安倍政権の提出した安保法制は、実は、こうした日本国憲法の不思議さを白日の下にさらしたのでした。

それにもかかわらず、野党も識者も、安保法制は憲法違反だと騒いでおり、どうやら、国民世論も急速にそちらへ押し流されていった。何とも〝奇妙な光景〟というほかありません。

すべてが、憲法という印章の前で思考停止になってしまうのです。戦前には、「国体」や「天皇」を持ち出せば、そこで思考停止になった。「国体に反する」あるいは「天皇を侮辱するのか」といった途端、誰もが直立不動、フリーズしたのです。戦後はそれが「憲法」に変わっただけです。「憲法」という言葉の前で直立不動になってしまう人がいるのです。「憲法に反する」といえば、脳内細胞がフリーズしてしまう。

状況論としていえば、確かに、冷戦以降、安倍首相がいうように、「世界の安全保障環境」は変化してきました。世界がイデオロギー的に二分された冷戦時代のような分かりやすい構造ではなくなりました。中国やロシアが軍事大国化を進めています。北朝鮮の核の脅威もある。アメリカは政治的にも経済的にももはや圧倒的な力を持ちません。イスラム国（ＩＳ）やイスラム過激派と欧米との対立も深刻化しています。そのなかで、経済のグローバル化が著しく、一種の経済競争の様相を呈している。

ざっとみてもこれだけの「国際環境」の変化がある。安倍首相の「積極的平和主義」やアメリカとの同盟強化は、この国際環境の変化に対するひとつの回答です。それが妥当なものか否かは別として、それはひとつの方向を打ち出したものなのです。端的にいえば、安倍首相の考えは次のようなものでした。

今日の世界の問題はすべてグローバルな規模で生じており、日本もすでにその状況に直面している。このグローバル世界ではもはや一国平和主義は成り立たない。ではどうするか。戦後日本の防衛の生命線を握るのは事実上アメリカであるから、アメリカと可能な限り協調しつつ、安定した「世界秩序」を形成しなければならない。日本の安全も

「国際社会」の安定と不可分だからである。かくて日本もアメリカと共に積極的に世界秩序の攪乱者とは対峙していかねばならない。そのためには、まずは、日米の集団的自衛権の容認から始める必要がある。

安倍首相の考えはおおよそこういうものでしょう。これからすれば、国会に提出した安保法制など随分と憲法に妥協し配慮したもので、「オレはここまで遠慮し、妥協しているのに、何でわからないのか」といいたいところなのでしょう。

私は、実は、この安倍首相の「積極的平和主義」には大きな問題があると思っています。必ずしも全面的に賛同できません。その理由はまた後に述べましょう。しかし、ともかくも、安倍首相はひとつの方向を打ち出していることはよくわかります。それが、今日、日本のおかれている立場からすれば現実的な選択肢であることも理解できます。

問題は野党や護憲派の識者なのです。ただただ集団的自衛権の行使が憲法違反である、とごねているだけではどうにもなりません。先にも述べたように、もしも徹底して厳格に解釈すれば、そもそも自衛権の行使そのものも危うい憲法で、集団的自衛権が認められない(であろう)ことは当然であって、問題はそんなところにあるのではありません。もし主権国家として自衛権の行使が万全な形で認められるべきだというのなら、憲法改正を提案すべきなのです。

しかし、野党も識者もそうはいいません。では、もし憲法を守れというのなら、先ほどから疑問を投げかけている、自衛隊の位置づけや、そもそも自衛権はあるのか、さらには、戦力や交戦権を放棄してどのように国を防衛するのか、といった重大な疑問に護憲派は答えなければなりません。しかも、安倍首相のいうような「国際環境」の変化に応じて、どのような形で日本の防衛を果たすのか、という疑問に護憲派は答えなければなりません。

しかし、その点についてはまったく何の提案もないのです。これでは国会論争は不毛になるほかないでしょう。野党は、憲法を守るというのなら、では憲法の範囲内で、今日の日本の防衛についていかなるやり方がありうるか、という代替案を出さねばならないのです。

ここまでくればすでに明らかでしょう。問題の本質は「憲法」ではなく「防衛」なのです。日米同盟も安保法制も基本は、戦後の日本の「防衛」のあり方にかかわる問題なのです。

そして、実は、戦後の日本国憲法こそが、その「防衛」にかかわるやっかいな問題を生み出したのでした。いうまでもなく、平和憲法と日米安保条約というセットです。実際この奇妙な取り合わせこそが、戦後日本の「防衛」を他にはありえない独特のものにしてきたのです。

戦後憲法では、厳格に解釈すれば、日本は自衛権さえもてない、ということになりかねない。より正確を期しても、「自衛権は保持するものの行使はできず」になりかねない。そこで、事実上、日本の防衛を担ったのは米軍だった。日本の戦後の平和はただ憲法9条によって可能だったのではなく、それ以上に米軍による抑止力のおかげであった。

これは憲法についての大きな欺瞞です。平和主義を唱えつつも、実際にはその背後にアメリカの軍事力を配置していたのです。

厳格な意味では自衛権さえも否定されかねない、という憲法解釈の立場からすれば、日米安保体制が憲法の趣旨に反するものであることは明らかでしょう。もう少しゆるく解釈して、最低限度の個別的自衛権は行使できる、という立場にたったとしても、たとえば日本領土内の米軍基地が攻撃された、もしくは米艦が攻撃されたとなれば、ただボーッと傍観するわけにはいきません。そこで共同行動をとる。事実上、米軍の作戦下に編入される。当然そうなるでしょう。すると、これが個別的自衛権の行使だというわけにはとてもいきません。

したがって、日米安保体制のもとでの日本の防衛そのものが、憲法のもとでは困難になる。それでもなお、平和憲法によってこそ日本は防衛できると強弁すれば、ほとんど神風によって日本は守られる、といって涼しい顔をしていた戦前の日本とさしてかわらないことになるのではないでしょうか。

「国を守る」とは何か

では、そもそも国を守るとはどういうことなのでしょうか。

戦後を代表する護憲派の政治学者の丸山眞男は、日本があの誤った戦争に突入したのは、日本が天皇制にもとづく前近代的で非民主的な国家だったからだ、といいました。日本は、ホッブズから始まる西洋近代国家の契約的な論理を体現していなかった、というのです。そこに日本の誤りがあった。だから、戦後日本は、西洋近代国家の民主政治を徹底して導入しなければならない、というのです。

ホッブズは17世紀イギリスの思想家であり、確かに西洋近代国家の論理のもとをつくった人物です。彼はこういったのです。国家とは、人々が相互に争って生命や財産を奪い合うことを避けるために、相互の契約によって生み出されたものである。人々は「主権者」にすべての力を委ねるという契約をおこなった。それが国家である。だから国家の役割は何よりまず人々の生命、財産の安全確保であり、そのために主権者は圧倒的な公権力を行使できる、というのです。

少し荒っぽく整理しましたが、これが近代国家の基本的な論理なのです。とすれば、国家を動かす主権者が王の時には、王が人々の生命、財産を守る義務がある。もちろん、人々の生命、財産を脅かすものは国内の不穏分子だけではなく、外敵でもある。だから、この場合には、王が自ら軍隊を率いて外敵と戦うのです。

では主権者が国民である民主主義国ではどうなるのか。国民が自ら敵と戦うことになるでしょう。つまり国民皆兵です。自らの生命、財産を守るために、自らが戦う。これが国民的（市民的）義務になるのです。

こうしたことはホッブズよりも1世紀ほど後のルソーあたりまでくるともっと明瞭になるのですが、いずれにせよ、これが西洋近代国家の論理というものです。「主権」とはそういうものなのです。それは大きな権利をもつと同時に厳しい義務をも負うのです。

もちろん、今述べたことはあくまで「原則論」です。そのままで「現実論」になるわけではありません。現実には、軍事的効率性や個人的適性などがあり、またその国の事情もあって、国民皆兵の原則がそのまま現実になるわけではない。それはいうまでもないことです。しかし、原則は国民皆兵なのです。ですから、今日でも多くの民主主義国が徴兵制をしいているのです。そのことをわれわれは忘れ去っている。というよりも、たとえば、ホッブズに始まる西洋近代国家の論理を見習えといった丸山さんやその系譜にある戦後の政治学者たちも、ほとんどそのことを知っていて無視したのです。

いや、無視したどころではありません。非武装の平和主義こそ理想だと見なし、その平和主義と民主主義こそ戦後日本のもっとも誇るべき価値だといった。しかし、西洋近代国家の論理のどこをどうたたいても、どうひっぱっても、民主主義と平和主義を等値するような論理は出てこないのです。むしろ民主主義と国民皆兵が親和的なのです。

私は、平和主義や民主主義が間違っている、といっているわけではありません。平和ということでいえば、別に戦争に負けたからではなく、私は、日本人の精神の根底は決して好戦的ではなく、むしろ平和愛好的だと思っています。また、民主主義などといわずとも、日本人は「和をもって貴し」とし、仏教などの平等思想を背負っているとも思っています。

しかし、それらを前近代的として排除し、西洋近代社会をモデルにして戦後日本を近代化する、という文脈にのせて語られると、「おやおや、ちょっと待てよ」といいたくもなるのです。西洋の近代社会が生み出した主権国家の論理では、民主主義国にあっては、国民（市民）こそが国防の義務を負う。つまり「民主主義と国防はワン・セット」である。これは、西洋の政治的主権という概念の根幹にかかわることなのです。

こうしたことは「原則論」だといいました。「原則論」ということは、言い換えれば、ひとつの「精神」です。あるいは「価値」の基準です。もちろん、現実には様々な制約や状況があって、常に「原則」がそのまま通用されるわけではない。しかし、市民が国防の義務をもつということは、ひとつの「精神」をあらわしているのです。現実はそれから乖離しているけれども、ここに原則がある、本来の姿がある、ということは「精神」だけが理解し、評価できることなのです。「国を守る」ということの「精神」はここにある、ということなのです。

そのことを戦後の日本は見失った。いわゆる護憲派は、この原則をまったく認めることなく、憲法平和主義へとなだれ込んでゆき、そこで固まってしまった。それでは「国を守る」という「精神」が失われるのです。

しかし問題は、護憲派だけではありません。実は、大半の保守派もそうなのです。

戦後日本の〝陥穽〟

いわゆる保守派の多数も、日本の防衛はアメリカにかかっているという現実を所与とし、その現実から出発して、もっぱら日米同盟の強化こそが国の防衛になる、という。現実をみればその通りでしょう。平和憲法のもとで、交戦権を否定されているのですから、いざとなれば安保条約にもとづいたアメリカの参戦によって日本の安全は確保されるでしょう。いや、戦争になる以前に、安保体制そのものが抑止力になっており、実際上、戦争を回避できている。このことも事実でしょう。そのことを否定する理由はどこにもありません。

しかし、だからといってこの「現実」だけから話を始めるとやはりまずいのです。この「現実」だけで始めてしまうと、結局、こちらは「日米同盟」で思考停止になり、そこで固まってしまうのです。やはり「原則」を確認しておく必要はある。

だから、憲法問題をひとまず別として、集団的自衛権を認めて日米同盟を強化する、という安倍首相の方針は、確かに、今日の「安全保障環境の変化」を前にして現実的です。現実的ではあるものの、しかしそれではますます日本の対米従属は深まってしまう。アメリカの戦略のなかに日本は位置づけられてゆくでしょう。それは、防衛の根幹である「国民が自ら国を守る」というあの精神をますます弱めてしまうでしょう。

アメリカの外交・防衛上の「戦略」とは、いったい何なのか。常に二つの次元が交錯していることを知っておかねばなりません。ひとつは、あくまでアメリカの直接的な国益を目指すということ。もうひとつは、アメリカを超えた「世界」の民主的な秩序を維持し、これに対する挑戦者や挑発者を排除する、というものです。

そして、対テロ戦争やイスラム過激派との対決においては、この両者は一致する。だから、かつてブッシュ大統領は「ならず者国家」や「悪の枢軸」と対決する、といって、テロ支援国家への先制攻撃も辞さない、としたのです。

オバマ大統領はそこまであからさまにいいません。しかしそれでも、民主主義への挑戦者、世界秩序の破壊者とは断固として戦うというのがアメリカの基本姿勢なのです。それがあるから、中東へ介入し、中国の東アジアの海洋進出に対してはたいへんに警戒的なのです。

しかしまた同時に、「アメリカの直接的な国益」という観点からすれば、たとえば、尖閣をめぐって本当に中国と対決するのか、あるいは北朝鮮問題をめぐってどこまで本気なのか、というと何か煮え切らないのです。

日米同盟の強化とは、かくて、アメリカによるアメリカのための戦略に日本は振り回されることを覚悟しなければならないことを意味する。もちろん、集団的自衛権の行使は、日本の事情に応じて選択的であり、限定的なので、野党がいうように「日本はアメリカの戦争に巻き込まれる」というのは正しくありません。問題はそこにあるのではありません。

日本とアメリカでは、防衛や外交についての基本的な考えが違っているのです。繰り返しますが、アメリカの防衛・外交の基本的な方針は、アメリカの国益と世界秩序の維持です。そして、多くの場合、アメリカは、世界秩序の維持や世界の民主化が、アメリカの国益にかなうと考えている。だから、アメリカの戦略は常に世界性をもってきたのです。

しかし日本には、少なくとも、この世界性はありません。安倍首相は、「積極的平和主義」を掲げることで、日本の外交も防衛戦略も世界性をもたなければならない、と考えている。そのために日米の緊密な連携が不可欠だとしている。さらに、その根拠はといえば、日米はともに、自由、民主主義、人権尊重、法の支配、といった共通の価値をいだいているからだ、という。

これも、対中国、対北朝鮮という目の前の「現実」をみれば、安倍首相の「戦術」もわからなくはありません。しかし、幸か不幸か、日本には、アメリカのような、民主的な世界秩序を形成するという歴史的使命のごとき大きな世界観も歴史観もありません。もしもそんな展望があるのなら、一国平和主義のなかでひたすら経済成長を追求し、憲法の前で直立不動になることもなかったでしょう。

安倍首相は、それではだめだという。一国平和主義ではもはややってはゆけないし、憲法至上主義では、この国際社会ではやってゆけない、という。

確かに、一国平和主義はもうもたない。憲法至上主義ももはやうまくいかない。それは事実です。しかし、だからといって、日米共通の価値観に基づいて日米同盟を強化するというのでは、「戦後」の日本の繁栄の条件であると共に、その足かせにもなってきたあの陥穽にますますはまってしまうのです。端的にいえば、アメリカへの従属構造なのです。

アメリカに従属してきた日本

２０１５年は戦後70年でした。「戦後」とは何か、といえば、私は、何よりもまず「アメリカへの自発的な従属」であった、といいたいのです。というのも、「戦後」は、あの戦争の敗戦から始まった。敗戦により日本はアメリカに占領され、そのもとで非軍事化と民主化が行われた。平和憲法もこの占領期に作られたのです。

そして、日本の敗戦はポツダム宣言の受諾によって確定し、敗戦後の対日政策や占領もこの宣言の方針にしたがって行われました。では、ポツダム宣言はどのような立場で発せられたのか。それは、日本の軍事的指導者は、世界制覇を意図して民主的な世界秩序を破壊しようと企てた。したがって、日本の軍事的可能性は徹底して破壊され、日本は民主化されなければならない、というのです。

ここには、アメリカの世界観、歴史観、戦争観が示されているといってよいでしょう。それは、世界史とは、世界を自由や民主主義、法治主義といった理念によって秩序化する方向に向かうものであり、そのためには、敵対者に対する軍事的行動が必要である、というものです。

アメリカのこの世界観・歴史観は、あの戦争においても、戦後においても一貫しており、日本の占領政策においては、この世界観・歴史観を日本に植えつけることがひとつの目標とされました。そして、日本の「戦後」は、この価値観を受け入れることによって始まった。

われわれは、あたかもこのアメリカの世界観・歴史観が普遍的な正義であるかのように思い込んだ。この思想の上に、「戦後」を展望しようとしたのです。戦後の日本の再生は、このアメリカ的価値観の上に作られたのでした。そして、ここに大きな矛盾ができてしまったのです。それはこうです。戦後日本の再建と繁栄を図ろうとすれば、ますます日本はアメリカ的なものへと従属する、ということです。

平和憲法プラス日米安保体制という構造が端的にそのことを示しているのです。平和憲法のもとで、日本は国際社会への復帰と戦後の繁栄を実現してきた。しかし、それはあくまで政治・外交・軍事的にアメリカとの密接な同盟を築くことを前提としてであった。そしてこの同盟のさらなる前提はといえば、占領政策のなかで日本に植えつけられたアメリカ的な世界観・歴史観なのです。日本もそれを共有している、という前提なのです。

これを私は、「戦後日本のアメリカ従属構造」と呼びたいのです。それもアメリカから強制されるというよりも、日本が自発的に従属してゆく、ということです。いや、そうなるほかないような構造になっている、ということです。

確かに、戦後日本の「現実」から出発すれば、日本の防衛はアメリカに委ねるほかない。

その枠組みのなかで、もっと日本が防衛に主体的に関わろうとすれば、安倍首相の「積極的平和主義」のように、日米同盟をいっそう強化することになる。すると、それは日本のアメリカへの従属をいっそう強め、自主防衛からますます離れるのです。これは大きなディレンマで、ここで解決策を提示できるものではありません。しかし、ここに「戦後」の大きな問題があることを知っておく必要はあります。「国を守る」ということの原則はどこにあるのか、ということはやはり知らなければならないのです。

第二章　「実体なき空気」に支配される日本

マスメディアと政界の「空気商売」

先の見通しがたちにくく、世間の評判や人気によって大きく左右され、収入が不安定な仕事を「水商売」というとすれば、「収入」はともかく、世評や人気に依存するという意味では、今日の政治家業なども、「水商売」へと変容してしまったのかもしれません。

世評が商売の浮沈を握るとすれば、どうしても、水商売はもっぱら評判をえ、客を集めるために、いささか「水増し」してモノを売る、という方向へと流れるでしょう。これを夜のとばりがおりたネオン街でやってくれる分にはまったく問題はないのですが、昼日中の大都会のど真ん中でとなればいささか問題というべきでしょう。

もちろん、政治家は商売人ではなく、まして水商売人ではありません。にもかかわらず、政治を取り巻く状況が「水商売風」になってきてしまっている。それもそのはず。政治が「客」である「国民」へのサーヴィス業だということになれば、政治家も評判が良いうちは客からもチヤホヤされ調子がいいのですが、何かでちょっと評判が下がると一気に奈落の底へと落ちかねない。という按配で、これでは政治の世界でまともに生き延びるのもなかなか苦しい話でしょう。

しかも、この夏の暑さで、「水」も蒸気となって気化すればもっとやっかいです。まだしも液体であれば形があるのですが、「気体」の方はまったく不定形、無実体、不可視で、ただただ漂うように浮いては、風の流れに任せて右へ左へとゆらめいてゆく。その正体はいったい何かといわれても、H_2Oならともかく、「気」では名状しがたい。そんな得体の知れない「気体」、もっといえば「空気」相手の仕事をするのでは、別に皮肉でもなく、ご苦労様というほかありません。おまけにマスメディアが、「空気を売る」とはいいませんが、たえず「空気」の流れを測るための観測気球を打ち上げており、この「空気商売」に取り囲まれた政治の方も、何を相手に言葉を発し説得しているのかわからなくもなるでしょう。

安倍政権の支持率が急落しました。読売新聞(2015年7月27日付)の世論調査では、支持率はそれまでで最低の43%で、不支持が49%。はじめて不支持が支持を上回りました。わずか3週間で、支持率は6ポイント低下し、不支持が9ポイントも上昇した、という急激な変化です。安倍政権の最高支持率は74%で、平均しておおよそ60%ちかくの支持率を誇ってきたのですから、いったい何事が起きたのかということになるでしょう。

実際には、何も起きていなかったのです。一応の理由は、安保法案にあり、端的にいえば、衆議院の安保法制に関する憲法審査会での憲法学者の発言によって、急激に「空気」が変わってしまったためです。あろうことか護憲派の典型たる憲法学者を自民党がまちがって招致したという何ともお粗末なオウンゴールによって風の流れが変わってしまう、というわけですから、本当に政治も「水商売」、いや「空気相手の商売」ということになる。

審査会で、三名の憲法学者が集団的自衛権は憲法違反である、といった。当然ながら、野党はこれを取り上げて安保法制を攻撃します。息もたえだえだったサヨク知識人が一時的に息を吹き返し「安倍は国民を戦争に引きずりこむ」と急に鼻息も荒くなり、「日本の未来を心配する」市民たちが国会を取りまいている、という。「戦争法案」などという。民主党（現・民進党）など、これで徴兵制が復活するかのような口吻でした。いくら、「空気」でも、これでは相当に汚染が進行しており、そのあたりで売り出されている空気清浄機程度ではどうにもなりません。

第一章にも書きましたが、私は、安倍首相の進める集団的自衛権の容認にも必ずしも賛成ではありません。いや、原則的な次元で大きな問題を含んでいる、と考えています。そのことはまた後で改めて書きます。

しかし、集団的自衛権が憲法に反するだの、平和を守れだの、日本は戦争に巻き込まれるだの、安倍首相は十分な説明を果たしていないだの、さらには、民主主義の原則を踏みにじっている、などという批判はまったく意味がありません。ただの駄々っ子のようなものです。これでは、安倍首相の苛立ちもわからなくはありません。

ともかくも、安倍首相は、従来の日本の安全保障や防衛体制では今日の世界的課題に対応できない、といっている。だから、それに対応すべく日米関係をより強固なものにしなければならない、という。この意図は明白でしょう。中国や北朝鮮の脅威にどのように備えるか。そして、攻撃を受ける以前に抑止力を万全にする、ということです。

そこでどうするか。自前の軍隊をもたない（ことになっている）日本は米軍に頼るほかないという話になる。

この前提にたてば、脅威に対抗するには、日米関係を強化するほかありません。しかも、確かに、中国や北朝鮮だけではなく、中東情勢もきわめて不安定で流動的であり、祖国を遠く離れた中近東の砂漠地帯で日本企業がテロにあわないとも限らない。ではどう対抗するのか。こうなると、もはや一国平和主義などいずれ成り立たないのです。いわゆる憲法9条をかかげた平和主義ではどうにもならないところまできているのです。

「9条平和主義者」はエゴイストである

そもそも、「9条平和主義者」の言い分はどうみても虚しいものでした。「集団的自衛権を認めると、日本は戦争に巻き込まれる」というのです。世界の各地では戦争が起こっている。しかし、そんなことには目をつむって日本だけは平和でいようよ、というわけです。私も生来、決して好戦的でもなければ、主義の上でも決して好戦的愛国主義者（ジンゴイスト）でもなく、自分でもなさけなくなるほどの平和愛好家ですが、それでも、こういう平和主義者の言い方には背筋がぞっとします。平和主義者でも何でもありません。ただのエゴイストです。

本当に平和主義を唱えるのであれば、安倍政権ではなく、軍備拡張を続ける中国や、核をちらつかせる北朝鮮、それに、それこそ人権蹂躙を繰りかえすイスラム国（ＩＳ）に対してこそ激しい抗議をおこなうべきでしょう。日本など、今のところ世界の平和に対してこれっぽっちの脅威も与えていませんし、見通せる限りの将来にわたって、日本がどこかを侵略するなどありえません。そんな可能性を防ぐために大騒ぎするのなら、ただいまこの瞬間にでも世界で起きている戦争の悲惨や領域侵犯をこそ批判すべきです。

その意味では、この種の気楽な平和主義者よりも、安倍首相の「積極的平和主義」の方こそが、中国や北朝鮮やＩＳに対抗しようとしているのです。かくも平和に浸された日本でぬくぬくと生活しながら「戦争法案反対」などとデモって有頂天になっているよりも、まだしも政府の方が平和についてそれなりのアクションを起こそうとしていることになる。さらにいえば、平和維持活動に従事して海外派遣されている自衛官や、紛争地域へもぐりこんでいるＮＰＯや国境なき医師団で活動する医者などの方がはるかに平和主義者なのです。

しかも、サヨクの平和主義者も実は、９条が事実上無効であることを認めているのです。なぜなら、9条の武力放棄は、「平和を愛する諸国民の公正と信義に信頼して」という前提のもとで成り立っているからです。しかし、今や、この憲法が成立した戦後すぐの状況とは大きく変わってしまった。彼らが、「日本は戦争に巻き込まれる」という言葉を発した時、世界では戦争が生じているといっているわけですから、彼ら自身、もはや9条を成立させている条件が失われていることを認めてしまっているのです。

もちろん、集団的自衛権は憲法違反か否か、という「憲法上」の問題はあるでしょう。憲法学者はいいます。「すでに集団的自衛権は行使できないとした1972年の政府見解があるので、解釈の変更は不可能である」と。しかしこの憲法学者の見解もまったく支持できません。それなら、政府はもともと個別的自衛権も認められない、といっていたのです。それが54年の自衛隊創設などの動きのなかで、文字通り「国際環境の変化」に応じて、個別的自衛権は認められるという方向へ解釈変更をしたのです。

いったい、憲法学者は、いっさいの自衛権をも認めない、というのでしょうか。しかし、だとすれば、日本の防衛はどうするのか。自衛隊とは一体何なのか、という疑問に答えなければなりません。それでも、自衛権の行使を否定して平和主義でやる、というのなら、日本の防衛はほぼ全面的にアメリカの手に委ねるほかありません。アメリカにすべてを委ねるほかないのです。果たしてそれでよいのでしょうか。

だから、今回の集団的自衛権問題では、従来のいわゆるサヨク護憲派にはほとんど言い分はないのです。安倍政権の方がはるかに日本の国防という問題に正面から対処しようとしている。

ところが、例の三名の憲法学者の登場によって一気に「空気」が変わってしまったのです。議論の本質が変わったわけではありません。いや、本質などまったく議論されてもいないのです。この場合の議論の本質は、この世界情勢のなかで日本の防衛はいかにあるべきか、という点にあって、その論点にはまったくふれられていない。変わったのはただただ「空気」なのです。

野党は、政府のやり方は強硬で民主主義を蹂躙する、といいます。60年安保時の岸首相の「強行採決」、そして「民主主義の危機」へとイメージを重ね合わせたいのでしょう。「国会を取り囲む怒れる市民の群れ」なるものが実際にどれぐらいだったのか、私にはわかりませんが、どうみても60年とは比較にもなりません。60年には、国会前で文字通り「ゲバルト（武力抗争）」が繰りひろげられ、人が一人死んだのです。

しかもさらにいえば、安保問題に関する限り、あの時点での岸首相の判断はおおむね妥当だったといわねばなりません。正義の市民運動が弾圧され、その後、岸政権による独裁政治が行われたなどという話ではまったくないのです。それどころか、岸政権はすぐに退陣し、その直後の選挙で自民党は大勝するのです。その後にわたって、60年の安保改正が日本の歴史的過誤であった、などという議論はどこからも出されたためしもないのです。

となれば、三名の憲法学者の登場以後に起こったことは一体何だったのでしょうか。摩訶不思議な現象というほかありません。議論の実質が何ら変わったわけでもない。野党は勢いづき、審議拒否をして「民主主義の危機だ」といいますが、その責任の過半は実際には野党にある。なぜなら、安倍首相の「積極的平和主義」に対抗できるだけの防衛政策、外交政策を打ち出せないために論戦にならないからです。それなのに、野党はいう。政権は議論をしない、審議を打ち切った、と。あつかましいことこの上ありません。

かくて、ほとんど何の実体もない「戦争法案反対」と「民主主義の危機」という言葉がひとつの「空気」を作り出した、というほかない。何があっても、ともかく「9条を守れ」と「子供を戦場へ送るな」式の決まり文句（クリシェ）を相変わらず繰り返している人がいる。70年間のこの硬直振りは、ある意味であっぱれでしょう。さぞ窮屈だっただろうにとも思います。70年間のこの硬直振りに比すれば、わずか2、3週間でこれだけの急激な変化を見せるわが国世論のコンニャクのような軟体ぶりは一体何なのでしょうか。本当の問題は、70年間の風雪に耐える硬直したサヨクではなく、ほんのわずかの風雪で右往左往する世論の方なのです。

「決められない」政治と「決めた」首相

その問題の前に、念のために、集団的自衛権の部分的容認を求める安倍首相の安保法制についての私の意見を少しだけ述べておきましょう。これは前章でも書きましたが、私は、決してこの法案が結構なものだとは思っていません。むしろ、ある意味で、大変に深刻な問題をはらんでいると思っています。それは端的にいえばこういうことです。

安倍首相は、よくこんなことをいう。自分の家が燃えているときに隣の人に助けてくれというのなら、隣の家が燃えているときには助けるのが当たり前だ、と。この類のたとえ話を持ち出します。それはそうなのですが、ここには少し問題がある。

改めて、こんな風にいってみましょう。

アベ君とオバマ君はお友達だった。アベ君が暴漢に襲われたらオバマ君は助けてくれた。それならオバマ君が襲われたらアベ君が助けるのは当然だ。確かにそうでしょう。

しかし、もしも、アベ君はまだヒョロっとした中学生で、オバマ君は筋骨隆々たるオッサンだとすればどうなのでしょうか。話はそんなに簡単なのでしょうか。だいたい、オバマ君を襲おうという暴漢は並大抵の相手ではないでしょう。ヒョロヒョロした中学生のアベ君が助けにいってもあまり効果があるとは思われません。

いや、実はオバマ君は昔は意気軒昂なボクシング選手だったけれど、今ではいささか体力・気力も衰え初老にさしかかっている、といってもかまいません。だけれど、実はアベ君が中学へ入るまで、アベ君一族はオバマ君一族に随分と世話になり、学費もだしてもらった。こうなると、オバマ君が、オレも年をとったものだ、ちょっと君、力を貸してくれ、ということがあるかもしれません。だけれど、これでは五分五分、というわけにはいきません。アベ君はオバマ君の指揮下に入るほかありません。

さらにこんなこともありうる。アベ君の隣人で、もとヤンキーで体もごついキンペイ君がいたとしましょう。このキンペイ君がアベ君の家の庭に無断で穴を掘っている。アベ君はやめさせたいけれど喧嘩しても勝てない。そこでオバマ君に助力を請うとしましょう。オバマ君は本当はキンペイ君とは喧嘩をしたくない。そこでアベ君はオバマ君のところへいって、君がひどい目にあったら、わがアベ一族から何人か助っ人をだすよ、という。だから、アベ一族を助けてもらいたい、というわけです。

どうも、最初の、私の家が火事になったら助けてもらうから隣の家が火事になったら助けてあげる、という話とはだいぶ違います。この関係は五分五分ではないのです。こうなると、いくら五分五分の話をもちかけてもアベ君は分が悪いのです。オバマ君は、助けてもいいけれど、君、まだ中学生なのだからオレのいうことを聞くかい、というようなことになりかねません。実際、そうなる公算は高いでしょう。

ではどうすればよいか。基本的にはアベ君ができるだけ早く成人するほかないのです。成人して責任能力を持ち、喧嘩をできるようにするほかありません。それでも五分五分ではないにしても、まずは、アベ君が成人するのを待つよりほかないのです。しかし、中学生のアベ君が成人するのに時間がかかるとすれば、やむをえません。キンペイ君の横暴を未然に防ぐためには、オバマ君に頭を下げるほかないでしょう。きわめて残念なことですが。

いずれにせよ、ここで、中学生のままでよい、オバマ君に助力を願う必要はない、という選択はありません。中学生ならキンペイ君も悪さはしないだろう、などという理由もありません。最近、文科省が推奨している「飛び級」とやらで、三段跳びに中学も高校も大学も卒業する以外にないのです。

さて、話を元に戻して、問題は、それにもかかわらず、中学生でいたい、という護憲派に世論がいっきになびきつつある、ということなのです。そして、一時はあれほど高かった安倍首相への支持率が、さしたる理由もなく急降下している、ということなのです。それもエンジンの不具合で急降下というならともかく、気流が悪すぎて急降下といった事態なのです。もちろん、本当に優秀なパイロットなら、その程度の「空気」の流れの変化には対応するということになるのでしょうが。

この十数年、日本の政治に対する批判は常に「決められない政治」であり、「リーダーシップの欠如」でした。「決められない」と「リーダーシップがない」といっておけば日本の政治を誰でも批判できたのです。こんな状況が数年以上続いた後に、安倍政権は、このふたつの批判を払拭しました。この数年、次々と移り変わった内閣のなかで、これほど「決めた」首相はいません。民主党は問題外だったのです。アベノミクスにせよ、TPP交渉参加にせよ、日本版NSCにせよ、アジア・アフリカ各国歴訪にせよ、渦中の集団的自衛権にせよ、もちろん批判もあるとはいえ（私もすべて賛成というわけではありません）、ともかくも、ある方針のもとに「決めた」のです。リーダーシップを発揮したわけで、これほど仕事をした首相は近年いなかった。

ところが、そうすると今度は、「決めすぎだ」といわれる。あれほど「決めること」を求め、「リーダーシップ」を求めた世論が、「リーダーシップ」を発揮すればするほど、独裁政治などといい、やりたい放題などという始末です。確かに、「リーダーシップ」を裏返せば「独裁」なのです。

繰り返しますが、安倍首相の進める集団的自衛権行使容認に反対する論拠があるとすれば、それが日本のアメリカへの従属をいっそう強めるからです。そして、それを回避しようとすれば、まずは、日本独自の自主的な防衛体制を整備することから始めるほかないのです。こういう批判は有効でしょう。いや有効な批判はそれしかないでしょう。にもかかわらず、国会でもマスメディアでもそのような論議はいっさいなく、ただただ9条を守れというのでは、政治がまたまたムードに支配されつつあるという明白な証拠でしょう。

こうなると、安倍政治よりも、民主政治そのものが気になります。問題は、安倍政権にあるのではなく、民主政治そのものにあるのです。ということは、誰がやっても同じことで、仮に安倍首相を引きずりおろしたとして、一体、次を誰に委ねればうまくいくというのでしょうか。

戦後日本で起きた「下克上」

「新潮45」(2015年8月号)で竹内洋さんが面白いことを書いていました。日本では時々、「ガラガラポン革命」が起きる、というのです。ある種の閉塞感に基づく「ガラガラポン願望」がとりわけ若者を中心に社会に蔓延してきて、それが大きな社会変革を呼び起こす、という。近代日本の第一のガラガラポンは明治維新であり、硬直した徳川幕藩体制のもとで、閉塞感を抱く下級武士たちによる一種の下克上が行われた。

次は敗戦時で、戦争に敗れることで戦前の支配層が一掃される。アメリカによる占領政策によるいわば「外からの下克上」が生じた。そして今また、新たなガラガラポン願望が出来しているのではないか、というのです。反知性主義の台頭やヤンキー・キャラの政治家や財界人が人気を集める、といった現象のなかにこの下克上願望が読み取れる、というのが竹内さんの論点でした。

そして、実は、この「下克上」は、近代日本だけのことではなく、日本史を通じて、いつも地下水脈として流れているのではないか、と述べて竹内さんは論を締めくくっています。

すべてをどこかで一度「ご破算」にして、というガラガラポン願望は、果たして日本特有のものかどうかはともかくとして、確かに、すべてをいったん白紙に戻してもう一度やりなおす、ただし、そこで上下関係が入れ替わるという「ご破算」方式は、日本の歴史にはしばしば見られることです。

そして困ったことに、民主主義には明らかにそういう面があるのです。かつて丸山眞男は「民主主義は永久革命だ」といいました。これは、理想的な民主主義が現実のものとなることはない、だから、民主主義の実現とは永久の革命だ、ということでした。しかし、ここで「革命」という言葉を丸山さんは使ったのです。「革命」とは下克上です。永久革命とは永遠に続く下克上です。だから、理想的な民主主義が（そんなものが仮にあるとして）、永遠にできない理由も明白で、それは民主主義が永遠に続く下克上だからです。

ただ下克上にも二通りある。ひとつは、武力による下克上であり、もうひとつは言葉による下克上です。橋下徹が、大阪市の都構想を問う住民投票において僅差で敗北したときに、やけに晴れ晴れした顔つきで、次のようにいっていました。「いやあ、民主主義はすばらしい。負けたのに命を取られない政治体制はすばらしい」と。

確かにそうでしょう。彼は、自分は下克上を仕掛けたのだ、というのです。武力がまかり通る時代なら殺されていたかもしれません。彼は、言葉の下克上を仕掛けたからこそ、あれだけツイッターなどで言いたい放題、敵に罵詈雑言を浴びせていたということでしょう。

しかし、それがまた民主主義の恐ろしいところなのです。実のところ、民主主義は「革命」ではないのです。せいぜい「革命もどき」というか、「革命ゴッコ」というか、「革命なき革命」とでもいうべきか、ともかく、体制転覆は決して起きない下克上なのです。「民主主義革命」などということが最初から矛盾しているのです。だから、決して「ガラガラポン」にはなりません。しかし同時に、それは、ある状況においては「ガラガラポン」願望を風船のように膨らませてしまうのです。

もちろん、西洋哲学ではヘーゲルの弁証法も似たような下克上を歴史のダイナミズムの根源においたのですが、西洋の弁証法と日本の下克上とはだいぶ異なっている。西洋においては、支配と被支配はヘーゲルが述べた「主人」と「奴隷」というように、激しい対立と抑圧のなかで、全面的降伏か勝利かといった意味あいが強いのに対して、日本では、下克上そのものが一定のレベルで制度化されている。それだけの社会的な流動性の可能性があらかじめ確保されているのです。そして、歴史の節目で、新たな支配権の確立というよりも、社会全体のガラガラポン、つまり「ご一新」という願望が強いのです。実際、近代以降はしばしば「維新」という言葉が使われるのも、すべてをいったん白紙に戻して、新たに始める、といったニュアンスが強いのです。

今日の民主主義は、多かれ少なかれ、大衆を巻き込み、大衆的なものによって動かされます。人民が主権者である、といったとたん、そして、その人民が大衆化したとたん、民主主義を動かすものは大衆になるほかないのです。

大衆とは、その言葉からわかるように、ひとつの巨大な「マス」と見なされる集合体であり、したがって、ここにあるのは、多様な意見に基づく議論でもなければ、もちろん熟慮でも熟議でもない。相互に相手のいうことを真似しあい、どこかで聞いてきたもっともらしい話や、あるいは、ちょっとした情緒的なフレーズに飛びついてそれを政治的意思だと思い込んでいる巨大な集団です。そして、彼らは、自分の情緒や利益が現実の政治の場で実現していないと感じたとたんに、主権者の権利として、下克上を起こすことが出来ると思っている。

にもかかわらず、実際には「ガラガラポン」は起きません。本当の下克上も起きません。せいぜい、できることは、現政権を罵倒し、政権の座から引きずりおろすことだけです。

それでどうなるか。別の政権ができる。しかし、ここでも大衆の情緒や情念は、また下克上を求めるでしょう。再びこの政権を引きずりおろす、ということになる。

確かに、これが永久に続くという意味では、「永久革命」ということになるのかもしれませんが、それは事実上、民主主義という政治システムの崩壊なのです。

端的にいえば、橋下のあのかなりつくろったすがすがしさとは逆に、「民主主義とは、どこまでいっても、人をすがすがしくさせないシステム」なのです。常に、完全燃焼しきれない鬱屈を残し、それを内蔵して徐々に増幅してゆく政治なのです。しかも、その鬱屈が、体制の中で、「なければならない反対意見」などと脱色、脱力されて、それ自体が政治のなかに組み込まれ、あげくのはてに、「反対意見があることが健全な民主主義だ」などといわれるのです。

こうなると、民主主義は、常に現状に対する不満分子を生み出し、その不満を不完全燃焼のままに内蔵してゆく。「ガラガラポン」が革命やクーデターや戦争などという形で生じれば、確かに、血は流れ、世は騒然とし、時には悲惨なものを招来します。しかし、下克上がはっきりすれば、つまり、勝ち負けがはっきりすれば、この種の不健康な鬱屈が、いつまでも健康な装いのもとに、民主政治のなかに飼い殺される、ということはないのです。

ところが、民主主義は、反対者を一定の枠のなかで受け入れる。それどころか歓迎する。いつも下克上への道を開いている。だからこそ、「ガラガラポン」願望はたえず、くすぶりつづけることになるのです。

この鬱屈した下克上的な心理こそが、「空気」の正体です。アベノミクスが調子のよい間は、この「空気」は乱気流にはなりません。しかし、アベノミクスも少し危うくなり、安保法制でオウンゴールが続くと、いっきに指揮官を代えろ、という「空気」になってしまう。これは、安倍政権より以前に、民主主義のはらむ問題であり、われわれはどうもまたその陥穽に落ち込みつつあるように見えます。それをどうすればよいのか。

誰かがこの「空気」に「水」をさすほかないでしょう。「水」をさすのは、ジャーナリズムや知識人の仕事です。とすれば、知識人こそ本当の「水商売」をしなければならないのかもしれません。

第三章　「戦後70年・安倍談話」の真意と「戦後レジーム」

安倍談話という「くせもの」

２０１５年の夏は、「戦後70年」関連の特集が各種メディアをにぎわせましたが、そのクライマックスが8月14日の安倍首相による「戦後70年談話」でした。しかも、日本の首相の一談話がこれほど国際的な注目を浴びることもめったにありません。中国・韓国からの反発は思いのほか少なく、米国からは大歓迎というわけで、政府はやれやれといったところでしょう。そうなると、夏が終われば、メディアも世論も安倍談話のことなど忘れてしまうのでしょう。確かにそうなりました。

しかし、実は、ここには簡単に忘れてはならない大事なことがあります。そのことを本章で述べておきたいのです。

確かに、閣議決定をへた首相談話となれば、安倍首相個人の思いを述べるだけではすみません。国際関係上の配慮や、日本の公式的な立場への配慮が不可欠になります。この変則的な状態のなかで、いってみれば国際公約のような形でだされた談話としては、苦心の跡がありありと見られました。しかも、安倍首相自らの進める「積極的平和主義」の後押しにして、安保法案成立への追い風にしようという、なかなかの「くせもの」でした。

もっといえば、植民地支配、侵略、反省、お詫びの、例の四点セットはすべてクリアすることで中国・韓国への配慮を示し、同時に、それをオブラートにつつんだ間接表現(「歴代内閣の立場は、今後も、揺るぎない」という言い方)にすることで、いわゆる保守派へも配慮したわけです。日本のアジア侵略を認めることで、サヨク進歩派の言い分を取り入れると同時に、そもそもの発端は西洋列強のアジア植民地化にあった、と示唆することで、これもまた保守派の言い分にも一定のメッセージを送る。さらに、戦後の日本の復興は、戦勝国による寛容さによるところが大きい、といって英米に配慮するとともに、あまりに不寛容な中国を牽制する。というわけで、相当に練りこんだ複雑な談話なのです。

例の四点セットをすべて含めているために、サヨクの側は、格別に非難する点が見当たらない。そのため、謝罪の言葉を自ら語っていないとか、文面から誠意を感じないとか、何とも無意味な苦言を呈するといった有様です。

安倍談話の本当の恐ろしさ

しかし、本当の問題は保守派の方にあります。保守派は、サヨクとは逆にこういう。この談話は、例の四点セットをあからさまに（直接的に）は表明しないことで村山、小泉談話とは異なったものとしている、という。こうなると、これはただ先ほどのサヨクの裏返しに過ぎないでしょう。まあどちらもどちら、ということになる。

いや、サヨクも保守も、この談話の本当の恐ろしさに気付いていないのです。ここで、実は、サヨクも保守もなくなってしまったのです。両翼ともに安倍談話に吸収されてしまった。さらにいえば、恐るべきことに、保守派を自任する安倍首相によって、いわゆる保守派は事実上、サヨクに飲み込まれたのです。

もはや、両翼とも、この安倍談話に示された「あるもの」に対して異論を唱えることができなくなった。本当の意味での、思想的対立を構成することができなくなった。そういう恐ろしい談話なのです。しかも、この談話が本当に向けられていたのは、実はアメリカだったといってもよいでしょう。中韓に対する配慮も反省も、アメリカからの要請でもあったのでしょう。実際、アメリカはこの談話を手放しで評価しているのです。

安倍首相は会見で、われわれは歴史に対して謙虚でなければならない、歴史を政治に持ち込んではならない、と繰り返して述べていますが、実は、これほど、歴史観というものを持ち込んだ談話はない。安倍首相が「歴史に対して謙虚であれ」というのは、あまりに歴史を硬直的、公式的に見て、己の歴史観以外をすべて誤りだと強弁する中国・韓国と、それに同調する日本のある種のサヨクへの批判でしょう。それはそれでよいのですが、実は、この談話は、りっぱにある歴史観を前提にしています。

それはこういうことです。

19世紀は西洋列強によるアジアやアフリカに対する植民地支配の時代であった。日本は近代化の推進によって、この植民地主義に抵抗し、独立を保持した。しかし、第一次大戦の悲惨を経験した後、西洋は、戦争の違法化と国際協調の方向へ向かった。特にアメリカのウィルソン大統領の理想主義は、世界の民主化や民族自決を訴え、世界の潮流は「平和」志向へと変わっていった。ところが日本はこの変化を読み取ることができず、新しい「国際秩序」への挑戦者となった。そして日本は敗戦した。戦後はその反省に立ち、国際社会に復帰し、平和主義のもとで誠実に国際秩序の形成に貢献してきた。

安倍談話には、おおよそこう書かれているのです。そして、ほとんどの者は、これを読んで特に違和感を持たないのでしょう。

しかし、これはまぎれもなくひとつの歴史観です。しかも、別に安倍首相が言い出したわけでも何でもなく、戦後日本の「公式的な歴史観」なのです。歴史（ヒストリー）が、どこまでいっても物語（ストーリー）だとすれば、これは、戦後日本の「パブリック・ヒストリー」であり、「パブリック・ストーリー」なのです。

この歴史観に含まれている重要な含意は、次のようなことです。国際社会は平和的秩序を目指している。かつての日本は、この国際社会において孤立し、それが悲惨な結果を招いた。したがって、この国際社会から孤立してはならない。国際秩序への挑戦は、必ず失敗し、その試みは罰せられる。わが国の生存は、この平和を実現しようとしている国際社会を信頼し、そこにおいて貢献することである。安倍首相の唱える「積極的平和主義」もそこからでているのです。

しかし、そういわれると、すぐにある文言を思い出してしまいます。いうまでもなく憲法の前文にある「平和を愛する諸国民の公正と信義に信頼して、われらの安全と生存を保持しようと決意した」という文言です。国際社会は平和を希求しており、われわれは、この平和愛好的な国際社会に、われわれの生存を委ねる。その証として、いっさいの武力を放棄する、というのです。

実際、安倍首相は、この談話のなかで、われわれは先の大戦への深い悔悟の念とともに、「いかなる武力の威嚇や行使も、国際紛争を解決する手段としては、もう二度と用いてはならない」と誓った、という。まさしく、憲法9条の理念そのものです。その根拠は、国際社会は、平和的秩序を形成すべく努力をしている、したがって、我が日本も国際社会の平和創出に積極的に協力しようというわけです。

これが、左翼的な一国平和主義とは一線を画することは事実ですが、それでも戦後憲法の理念の延長上にあることは間違いありません。繰り返しますが、それは、世界は平和と法の支配による秩序形成へ向かっている。日本だけ孤立してはならない。日本もその意味での国際協調をしなければならない、という。

となると、安倍談話の背景をなしているものは、戦後日本の「公式的な歴史観」そのものといってよいでしょう。いわば、安倍首相が、それからの脱却を訴えていたはずの

「戦後レジーム」そのものなのです。

では、その「戦後レジーム」をうみだしたものは、一体、何だったのか。それは、アメリカによる占領政策でした。そして、その占領政策はポツダム宣言に基づいてなされたのでした。

ポツダム宣言は、意図的かどうかはともかく、ある歴史観・戦争観に基づいていました。

それは次のようなものです。この戦争は、日本の軍国主義者たちが世界征服を意図して引き起こした戦争（侵略戦争）であって、それは世界の自由なる人民に対する挑戦である。したがって、この戦争が終わったときには、軍国主義者たちは厳重に処罰され、日本は非軍事化されねばならない。その上で民主的な秩序をもった政府ができれば、日本は国際社会に復帰する、というのです。

「侵略戦争」とアメリカ歴史観の囚人「日本」

ここにはアメリカの歴史観が見事に表明されているといってよいでしょう。確かに、アメリカは第一次大戦への参加において、「世界の民主主義のために」戦った。第二次大戦も「世界の自由と民主主義のため」にファシズムと戦った。アメリカの戦争とは、常に、自由や民主主義を掲げる「世界」のために、その破壊者と戦うのです。こういう風にアメリカは考えている。

もともとは、モンロー主義によって、大西洋において不干渉主義をとっていたアメリカが、第一次大戦に参入したのは、英仏への貸付が焦げ付くのを避けるためでした。しかし自国領土を攻撃されたわけでもないのに参入する口実がなかった。あるいは、大衆を説得し鼓舞する必要があった。そこでウィルソンは、持ち前の理想主義を発揮し、「世界の民主主義を守る」といったのです。

ここで戦争観は大きく変わってしまったのです。19世紀までのヨーロッパの戦争は、基本的に領土争いという自国中心的な国家エゴに発するものでした。ところが、20世紀のアメリカの戦争は、自国エゴというだけではなく、そこに理想的な価値を掲げることで、戦争を正義と悪の戦い、とみなしたのです。戦争に道徳的意味を与えたのです。この道徳的価値とはもちろんアメリカ流の理想であり、端的にいえば、自由、民主主義、人権、法の支配の普遍性というものなのです。

だから、これ以降のアメリカの戦争は、正義と悪の戦い、人類の普遍的な価値を守る戦い、という、何やらハリウッド映画的な意味を帯びてくる。第二次大戦しかり、冷戦しかり、ベトナム戦争しかりです。アフガン戦争も、タリバンとの戦いも、イラク戦争も、そしてイスラム国（ＩＳ）との戦争もすべて、建前はそうなのです。実際には背後にアメリカの国益がある。しかし、それを普遍的正義や国際秩序によって正当化するのです。正義と悪の戦争だというのです。

したがって、もしも、侵略戦争を「他国の領土に対する先制的な武力行使」と定義するならば、実は、アメリカほど侵略戦争をやっている国はありません。ベトナム、イラク、スーダン、アフガニスタン、リビア等への爆撃は、すべて「侵略戦争」なのです。

そんなものは、すべてアメリカの利益のための口実に過ぎない、といっても仕方ありません。今世紀の戦争では口実が大事なのです。とりわけ民主主義国において国民を動員するには、戦争の正当性が不可欠なのです。

そしてアメリカの場合には侵略戦争は許される。どうしてか。それは、自由、民主主義、人権、法の支配を守るための正義の戦争だからです。テロ組織のように、アメリカに対する脅威はまた、自由や民主主義への挑戦となる。人道主義や法の支配を守るという名目で、他国の自由意思を破壊し、政府を破壊し、市民を巻き込み、法を破壊する、というのも何とも奇妙なことなのですが、それがまかり通るのは、アメリカの正義の戦争は道徳的に善だからだ、というわけです。

これは、もともと主権国家間の勢力均衡を基本としてきたヨーロッパの戦争観とは違い、また、多様な主権国家を国際法と勢力均衡によって共存させようとするヨーロッパの世界観とも全く異なったものだった。その意味では19世紀までの世界と20世紀の世界は大きく様変わりしていったのです。

しかも、実は、このヨーロッパの勢力均衡による国際秩序とは、実際には、ヨーロッパの大国間のものでしかなかった。国際法は、ただヨーロッパ諸国の間だけで通用するものだった。だから、ひとたび勢力均衡が崩れ、国際法が適応されないアジア、アフリカへと進出すれば、ヨーロッパ列強はいくらでもそれらの地域を植民地化できたのです。

20世紀になってからのアメリカの登場は、確かに、ヨーロッパの生み出した植民地主義、帝国主義とは一線を画すものといってもよいでしょう。すでに植民地分割は終わりつつあった。アメリカもまた「遅れてやってきた青年」だったのです。そして、第一次大戦以降、すでに世界を分割し終え、また、帝国主義戦争に嫌気のさしていたヨーロッパも、アメリカの理想主義と国際主義に便乗しようとしたわけです。第一次大戦後の国際連盟やワシントン体制、そして1928年の不戦条約、さらには、少し下りますが、1941年の大西洋憲章、これらは、確かに平和構築へ向けた「国際主義」といえなくもありません。

しかし、それは何も理想主義に燃えたアメリカ主導の「世界秩序」などというものではない。むしろ、帝国主義の行き着いたところで、ヨーロッパ、アメリカによって「世界」を固定しようとした、ということです。それが、彼らの利益になったからです。別に、民族自決に基づいてヨーロッパ諸国が植民地を自ら解放しようとしたわけではありません。

しかも現実的にいっても、この国際主義を過度に強調すべきではないでしょう。国際連盟にはアメリカは加盟せず、ワシントン体制は、実際上、日本を牽制し、ヨーロッパ諸国による既得権の確保を意図したものだった。不戦条約には、アメリカは重要な留保をつけました。この条約は自衛の戦争を違法化するものではなく、しかもある攻撃が自衛か否かは攻撃の当該国が判断する、というのです。

また大西洋憲章は、将来、平和愛好的な国民による集団的安全保障の枠組みが形成されるまでは、侵略の脅威をもった国から徹底して軍事力を放棄させねばならない、と述べています。しかし、これは1941年8月14日にルーズベルトとチャーチルによって作成されたという経緯からもわかるように、米英の協力によってナチス・ドイツの戦争を封じ込めるという意図をもったものでした。そして、その延長上にポツダム宣言がだされるのです。

アメリカの戦争観・歴史観は、ある意味では一貫しているのです。それは、一方で、アメリカが自由、民主主義、人権などを奉じる「理念の共和国」である、という事情によるものであり、もう一方では、アメリカ国民の精神の底流をなしているユダヤ・キリスト教の影響が強いからでしょう。

一方で、多様な人種や異なる背景をもったアメリカ国民をまとめるものは、自由や民主主義という「普遍的価値」しかない。だからこれは「正義」だという。そして他方で、アメリカ国民の精神の核になるものはといえば、ユダヤ・キリスト教的なユートピア思想であり、終末論なのです。「ユニバーサリズム」と「メシアニズム」です。それがアメリカを支えている、といってよいでしょう。アメリカ的歴史観はそこからでている。

ついでにいえば、「普遍」＝「ユニバース」とは、あらゆるものにあらかじめ共通し、妥当する何かだ、とわれわれは考えがちですが、もとは「ユニ」＝「単一の」ものへと

「バース」＝「方向付ける」という意味です。つまり「ひとつの方向へと向ける」という意味なのです。当然そこには、ひとつの方向を指し示す主体がなければならず、そのための力が必要でしょう。いうまでもなく、この主体はアメリカ自身にほかなりません。

これがアメリカの歴史観であり、ポツダム宣言も基本的にそのような立場で書かれていた。だから、あの戦争は、アメリカにとっては、道徳的な意義を帯びたものであり、正義の戦争であった。東京裁判で示されたように、それは「文明を守る戦い」とみなされた。日本は、この文明を蹂躙し、「平和に対する罪」を犯した。戦争指導者は、ただ戦争の責任を問われるのではなく、犯罪人なのです。この戦争は、ただ国際法違反というだけではなく、道徳的にも批判されるべき犯罪だ、というのです。

そして、日本は、7年近くにおよぶ占領政策のもとで、この考えをすっかり受け入れた。重大な戦争犯罪人は巣鴨プリズンに収監されましたが、占領政策とは日本全体を矯正施設に収監したようなものです。

いずれにせよ、この緊急かつ強制的な収監措置は、おそらくアメリカの想定以上に功を奏し、サンフランシスコ講和条約によって出所を許された頃には、すっかり模範的で善良な擬似アメリカ人になっていた、というわけです。かくて、それ以来、われわれはアメリカの歴史観の囚人となっている。

70年前の日本人は何を考えていたか

さて、ここではアメリカの歴史観・戦争観の妥当性は問いません。それは、すでに述べたように、きわめて「アメリカ例外的」な事情の産物であり、移民国家であれ、人工国家であれ、理念の国家であれ、宗教国家であれ、ともかくも「アメリカ」に則した歴史観なのです。

戦後、われわれは、この「アメリカ」という眼鏡をかけてものを見る習慣がついてしまい、しかも、その眼鏡は目に見えないために、それをかけていることもわからない、といった有様です。つい70年前を振り返るときもこの眼鏡のままで見てしまう。そこで、いったん、この「アメリカ」という眼鏡をはずしてみましょう。そもそもあの70年前に日本人はどう考えていたのでしょうか。

終戦の詔書において、天皇は次のように述べました。「曩《さき》ニ米英二国ニ宣戦セル所以モ亦、実ニ帝国ノ自存ト東亜ノ安定トヲ庶幾スルニ出デ、他国ノ主権ヲ排シ領土ヲ侵スガ如キハ固ヨリ朕ガ志ニアラズ」というのです。

また、41年の開戦の詔勅でも述べています。米英両国は中華民国の「残存政権」を支援して「東亜ノ禍乱ヲ助長シ」、また平和の美名に隠れて「東洋制覇ノ非望」をたくましくしている。そして「帝国ノ存立亦正ニ危殆ニ瀕セリ事既ニ此ニ至ル。帝国ハ今ヤ自存自衛ノ為蹶然起ッテ」というのです。

もちろん、戦後70年たって、かなたにかすんだあの戦争を眺めて、この詔勅を侵略戦争の口実であり、侵略を糊塗し粉飾するでっちあげのイデオロギーだということは簡単です。いや、本当は、そのようにいうことの方がひとつのイデオロギーなのです。ある考えを「イデオロギー」であると断定するのは、その断定者が、まったくの傍観者であり、当事者の心理の内側にはいっさい関与しない、ということです。つまり、こうした歴史家は、自分は歴史の外にたっていると考えている。そうして初めて「70年前の日本人は、天皇の権威と言葉に騙されていた」というのです。

しかし、われわれのいったい誰が、70年前の日本人は騙されていただけだ、勘違いしていただけだ、などということができるのでしょうか。われわれはどうしてこれほど簡単に、無条件に、しかも傲慢に、当時の人々の内面を無視する権利をもつのでしょうか。

天皇の言葉が歴史的な真実か否か、などはここではどうでもよいことで、70年前の日本人の大多数は、これは「自存自衛の戦争」だと考えていたということが大事なのです。

つまり、日本は追い詰められ、帝国の存亡の危機にまで追いやられ、やむをえず戦争に入った、と当時の人々は思っていた。対米英戦争は、やむをえない自存自衛の戦争だった。確かに、圧倒的なアメリカの物量に対する敗北覚悟の無謀な戦いかもしれないが、やらざるをえない戦争だ、というのが大多数の意識だったのでしょう。彼らはあくまで「大東亜戦争」を戦ったのであって、「太平洋戦争」をやったわけでもなければ「アジア・太平洋戦争」などというものを戦ったわけでもありません。

では、どうして彼らはそう感じていたのか。それは、国際情勢を読み誤ったからなどではありません。いや、歴史を外から眺めて、これぞ客観的な国際情勢だなどというものはありません。

当時の人々の意識の背景には、明治以来の日本の近代化の特殊性があった、というべきでしょう。そのことを決して忘れるわけにはいきません。

日本の宿命があった時代

２０１５年は戦後70年でしたが、明治維新後70年といえばどうなるのでしょう。１９

38年の前年に日中戦争が始まり、英米との軋轢が急激に高まり、やがては大東亜戦争に入るという時期なのです。明治維新後の70年間などは、もちろん戦後の70年間など比すべくもなく、波乱と動乱と混乱に満ちた時代でした。だから、当時の人は、われわれ以上に、その70年をひとつの流れにおいて理解しようとしたでしょう。そして、そのひとつの流れの基調をなすものは何かといえば、日本の近代化、大国化がついにここまで極まり、その結果として英米と激しい対立に至りつつある、という意識ではなかったのでしょうか。

ここには、「近代日本の宿命」といいたくなる、「歴史の必然」があった、とさえ私には思えてくるのです。日本近代化の最大の目的は、当時の西洋列強によるアジア植民地化から免れるということだった。つまり、「独立」の二文字こそが日本を急激な、あるいは性急な近代化に駆り立てたのです。そして、日本は成功した。日清戦争はもちろん、ほとんど敗北覚悟の日露戦争にも勝利した。アジアで唯一、西洋列強並みの大国へとのし上がったのです。とすればどうなるか。日本も大陸へと植民地を求めて進出し、その結果として西洋列強と対立することになる。こうした経緯は、ほとんど歴史の必然といいたくなるほどです。

そして、その帰結が、1941年の真珠湾攻撃にまで至る。林房雄のいった「東亜百年戦争」という面は確かにあるのです。いや、当時の人には、その考え方の方がより琴線に触れたのでしょう。

安倍首相は、その談話を、19世紀の西洋による植民地主義の時代から説き起こしていました。そのなかで日本は、ともかくも独立を保つために近代化した、と述べています。これは偉大な所業だった。

ところが、20世紀にはいって道を間違えたというのです。戦争の違法化へ向けた国際協調を読み間違え、孤立の道にはいった、明治は偉大であったが昭和の軍国主義の台頭のなかで立憲政治も機能せず、錯誤への道を突き進んだ、という。

そのような面があることは否定しませんし、今日、われわれは、偉大な明治と道を誤った昭和、という司馬史観ともいわれる歴史観をしばしば開陳します。しかし、私には、もっとも基本的な歴史の道筋は少し異なって見える。もしも昭和の対米英戦争が間違っていたというのなら、それは明治維新に始まった。いや、長州の攘夷に始まった。さらにいえば、林房雄が述べたように、1825年の異国船打払令から始まった、といっておきたいのです。

「もしも、あのときこうしておけば、戦争は回避できたのに」という類の言説はいくらでも産出できるでしょう。「だから、軍部が暴走した、政治が機能しなかった、天皇制が問題だった」などということもできるでしょう。

しかし、当時の人々にとっては、今日、われわれが世界秩序と呼ぶものは、英米本位の世界支配としか映らなかったのです。国際連盟も、国際協調を装った大国支配の固定化としか見えなかったのです。彼らが曇った目で幻影を見ていただけだ、と断じる資格はわれわれにはありません。

なぜなら、先にも述べましたが、アフガン攻撃、イラク戦争、近年の中東への中途半端な介入などを見ていると、とてもではありませんが、アメリカのいう国際社会や世界秩序など、無条件で信じるわけにはいかないからです。

もちろん8月15日がやってき、2週間後には米軍が進駐し、隠されていた情報があふれ出し、戦中とはまったく異なった光景が目に入ってくるでしょう。その光景を前に、多くの人が、あの戦争の意味をそれまでとは異なったように解釈しだしても不思議ではありません。それは当然のことです。

しかし、それでも人は、新たな世界に接した途端にまったく別の考えをもつ、などということはできません。それに、戦中が、総動員体制下の情報環境によって管理されていたのなら、戦後の占領期は、占領政策の情報環境によって管理されている、と見たほうが妥当ではないでしょうか。

医学生として終戦を迎えた山田風太郎は、８月28日の日記に次のようなことを書き付けています。

アメリカは何が「平和な法治国」であるものか。連合国は強大な軍備をさらに拡張しているではないか。それは、彼らの道義を貫くにも武力が必要だからだ。日本も再び武力を確保する必要がある。だが、今は、日本はただちにアメリカに報復すべし、という人が充満しているが、これが10年もすればどうか。いま考えるのもおかしいような「アメリカの真理」の中に日本は溺れつくしていることであろう。自分は予言するが、自分だけはこの予言の外にありたい。山田はこういうのです。

確かに、山田の予言通りになりました。70年もたてば、「戦後レジーム」からの脱却を唱えていた安倍首相の談話によって、本当に「戦後レジーム」が完成してしまったのです。別に安倍首相を難じようというのではありません。それこそが「戦後日本」だったのです。日本人の思考様式が「アメリカの歴史観」のなかに溺れつくす、ということです。

それに多少でも抗するものがあるとすれば、それは、70年前、日本には日本の道義があり、それが不完全で独善的であったとしても、その道義のために悲惨な戦いを経験し、語るのも無残な死へと追いやられていった無数の死者たちの思いを引き受けるという以外にはないでしょう。

第四章　摩訶不思議な日本国憲法

「憲法を守れ」とはどういうことか

２０１５年９月19日未明に安全保障関連法が参議院で可決成立しました。国会の内外で近年ではめずらしい激しい対立が起きました。賛成派は、安保関連法は「国を守る」ためには不可欠だといい、反対派は、憲法を守れ、９条を守れ、の大合唱で、いわば「国を守れ」と「憲法を守れ」が衝突したわけです。国がなければ憲法はなく、また憲法は国のありようを規定したものですから、そもそも、このふたつが対立するはずはないのです。にもかかわらず、こんな対立が国会を取り巻いて焦点になるというところにも、日本人の憲法意識の摩訶不思議さが表出されているでしょう。

いずれにせよ、憲法学者が、集団的自衛権は憲法違反である、と主張したことが、反対運動を盛り上げた決定的な要因であったことは間違いありません。

別に憲法学者に難癖をつけようというわけではありません。私は憲法学のまったく素人に過ぎません。しかし、というべきか、だから、というべきか、実は、私には「憲法」なるものがよくわからないのです。なにもソクラテスもどきに、わざと「無知こそが知」だなどといおうというわけではありません。

畢竟、憲法とはいったい何なのか？　これは、今に始まった疑問ではなく、高校生の頃からの疑問です。結構、年季のはいったもので、それ以来、ずっと憲法なるものには近づきたくなかったのです。幸いにして、普通に暮らしておれば、特に憲法なるもののご厄介になることもありません。それが、集団的自衛権問題で、憲法学者を中心にして、「憲法を守れ」の大合唱になって、改めて私なりに憲法に向き合ってみた、ということなのです。

ただ、私の憲法不信は、特に日本国憲法の内容についてではなく、そもそも、一般的に「憲法」とはいったい何なのか、ということなのです。実はこれはかなりやっかいな疑問です。そして私の疑問についてはまた後で述べましょう。

その前に、そもそも憲法そのものがよくわからない始末なので、「憲法を守れ」といっても何を守ろうとしているのかも、私にはよくわかりません。護憲派とはいったい何を意味しているのか。

まず単純なことをいえば、そもそも「護憲」という概念が厳密には成り立ちません。「護憲」という概念は成立不可能なのではないでしょうか。なぜなら、現行憲法の96条には、改正規定があるからです。だから、護憲には、当然、憲法改正も含まれるのです。衆参両院の三分の二以上の賛成と国民投票による過半数の賛成があれば憲法は改正しなければならないのです。

もちろん、日本国憲法は硬性憲法ですから、通常の法律以上の賛同を必要とします。しかしそれでも、国民の多数意思が憲法改正へと傾けば、憲法改正は憲法にのっとった正当な行為であることはいうまでもありません。しかも、この憲法は国民主権ですから、護憲とは国民の意思を尊重することで、そうすると、護憲派とは、国会議員と国民のかなりの割合が護憲である、という場合にのみ成立する、ということでしょう。しかしその場合には、そもそも憲法改正は不可能ですから、特に護憲などという意味はありません。

もちろん、いま私は多少、言いがかりをつけていることは承知の上で、あえて述べてみたのです。実際には、護憲派とは、憲法そのものを守れといっているのではなく（もし、そういったのなら、96条に基づく改正も「護憲」のなかに入ってしまうのですから）、憲法改正に反対する政治的運動ということなのです。つまり、憲法をかつぎだした政治運動にほかなりません。平和主義であれ、民主主義であれ、自らの信条を政治的に実現するために憲法を持ち出している、ということになります。

こうしたことは一般市民なら、特に問題にはならないでしょう。しかし、憲法学者がその意味で護憲を唱えるといささか問題なのではないでしょうか。

というのは、多くの憲法学者は条文解釈を基本的な仕事にしています。それは現憲法を所与のものとして条文をできるだけ合理的、整合的に解釈しようとする。したがって、その立場からは、特に護憲も改憲もでてこないでしょう。ということは、憲法学者の護憲論とは、「憲法は憲法であるがゆえに守らなければならない」といっているだけなのか、もしくは、憲法学者の立場は別として、いわば一般市民として平和主義などの政治運動にコミットしようとしているか、どちらかでしょう。

もしも前者だとすれば、そこから特に9条を守れとか平和主義は重要だなどという議論はでてくるはずはない。ただ、「国会議員と国民の多数が憲法改正に賛成しない限り、憲法は守らなければならない」といえるだけです。そして、今回、安倍政権は憲法改正など一言もいっていません。集団的自衛権に関しては、9条解釈はまだ確定しておらず、意見が分かれており、最終的にそれを判断するのは、最高裁の違憲立法審査になるのです。

したがって、明らかに、「護憲派」憲法学者は、平和主義等々の政治的価値に対して強い愛着をもっており、それを守れという政治的運動にコミットしているのです。

憲法にみる「法的手品」

一人の人間が、ある政治的信条をもって政治活動に関わることは何の問題もありません。しかし、憲法学者が憲法学者という権威を借りて、ある政治的価値にコミットすることは果たして適切なのか。なぜなら、通常、憲法というものは、その国の根本規範であって、特定の政治的信条や政治的運動を超えた最高の法規、と理解されているからです。憲法はむしろ、特定の政治的活動と結びつくというより、しばしば政治的なものの暴走を抑制するものと理解されているからです。

護憲派の憲法学者はいうでしょう。「そうだ、憲法の役割は、まさに政治の暴走を抑制するところにある。だから、安倍内閣の暴走を食い止めようとしているのだ」と。しかし、その「食い止める」こともまた政治的活動であり、それどころか、国会前の打楽器入り示威活動（デモンストレーション）との共闘という見事な政治的コミットを示しているのです。

繰り返しますが、職業的な憲法学者ならば、「安倍内閣の集団的自衛権容認は憲法違反の疑いが濃厚だから反対である」というだけのことです。それなら何も問題はありません。これは本質的に「憲法がある限り、その憲法を守れ」といっているに等しいからです。

しかし、それなら、その次にこう聞きたくなります。「では、あなたは日本の国防に関して、国際法上認められている集団的自衛権が必要だと考えますか」と。こうなると初めて護憲・改憲がでてくる。ここでは、憲法解釈ではなく、国家観が問題になっているのです。もしも、一国の防衛に集団的自衛権が不可欠だ、というなら、憲法改正を訴えるか、あるいは解釈変更で可能な道を探るか、どちらかでしょう。その場合には「今の憲法では集団的自衛権は難しいから憲法改正すべきだ」といえばいいのです。もしも集団的自衛権などあってはならない、というのなら、護憲派のデモに参加すればよいでしょう。ここでは憲法ではなく、自らの国家観を語らなければなりません。

いずれにせよ、これは、ひとつの政治的価値の選択なのです。いや、国の安全保障のあり方に対するひとつの立場の選択なのです。国家観や政治的信条が問われているのです。護憲であれ、改憲であれ、それ自体は憲法のなかからはでてきません。

ところが、護憲派憲法学者は、憲法という神聖にして侵すべからざる最高法規を持ち出してきて、「これは必ず守らなければならない」ということで、ある政治的価値を選択している。「法」が「政治」に対して優位に立つ、といいながら、そのことを政治的に実現しようとしている。

そして、実は、私は、ここにたいへんに重要な問題があると思うのです。まさに、「憲法」がよくわからなくなってしまう理由もここにあるのです。多くの読者はもうおよそ気付いておられると思うのですが、これは本質的に「法」と「政治」の関係に関わることなのです。「法（特に根本規範）」は、一見、「政治」とは独立しており、むしろ「政治」を牽制するものです。しかしまた「法」そのものは「政治」によって作りだされるのです。これは通常の国会でなされる「立法」だけではなく、そもそも「憲法」の成立に関わる決定的な論点といってよいでしょう。ところが、大方の憲法学では、憲法の成立やその正当性を正面からは扱いません。また、そもそも国家論がありません。だから、国家や政治と憲法の関係はどうにも不透明なのです。

私が述べたかったのは、「憲法」と「政治」の関係が、そもそも「憲法とは何か」という問題と深く関わっている、ということなのですが、その問題を論じる前に、もう少しだけ、護憲派憲法学者への疑問を記しておきましょう。

護憲派の憲法学者は、しばしば、憲法の法的安定性を重視します。憲法は、その国の根本的なあり方を定めたものだから、そんなに簡単に改正できるものではない、という。憲法にも様々な規定がありますが、枝葉はともかくとして、憲法の幹になる部分は変えてはならない、という。

私には、枝葉と幹の区別に意味があるとは思えませんが、その妥当性については別にしましょう。日本国憲法の場合、幹になるものは、国民主権、平和主義、基本的人権保障の三原則であって、この三原則は変えてはならない、という。したがって、9条平和主義は改正不可能だというのです。

しかし、そうすると、たちまち決定的な疑問に直面します。現憲法は天皇主権の明治憲法の改正なのです。憲法の幹を変更不可とする護憲派の論からすれば、現在の憲法は無効だということになる。そこで、どうするか。例の宮沢俊義の「八月革命説」がでてくる。８月15日の敗戦によって日本の国家体制は大きく変更された。天皇主権国家から人民主権へ変わった。確かに本物の革命はなかったが、国家体制の転換が行われた。そこで、ここに「法的革命」が生じたと見なせる、というわけです。

かなり無理な説明であり、さすがに憲法学者でも堂々とこの説明を採用する人はあまりいないようですが、そのような説を持ち出しでもしなければ、戦後憲法の三原則を擁護できません。「法的革命」というより「法的手品」とでもいうべき詐術であって、それに比べれば、集団的自衛権の解釈変更など問題にもならないでしょうが、確かに、そうでもしなければ辻褄が合わないのです。

いうまでもなく、戦後の新憲法が制定されるまでは明治憲法があり、天皇主権であり、新憲法によって初めて国民主権になった。しかし、それでは国民が憲法を制定したことにならない。事実、この憲法は、ＧＨＱ民政局によって生み出されたのですが、それでは国民主権にならない。そこでどうするか。憲法学者は、国民主権の根拠をポツダム宣言に求めるのです。つまり、ポツダム宣言は、民主主義を要求している。したがって、ポツダム宣言受諾の事実をもって、日本に国民主権が成立したと見なそう、というわけです。ポツダム宣言は国家体制の変更、つまり明治憲法の変更を要求している、というわけです。

根本に何があるか

戦後憲法の正当性根拠をポツダム宣言に求める、となれば、ますますもって現憲法の正当性は揺らいでしまうでしょう。これではこの戦後憲法はまさしく戦勝国が作り出したものだ、ということになってしまいます。実際そうなのですが、その正当性根拠をそこまであからさまにしてしまってよいものか、と思ってしまいます。しかし、このようなあまりに無理な立論をしなければ、戦後憲法の正当性根拠はでてこないのです。いや、これらの事実が示しているのは、戦後憲法の正当性の根拠はきわめて脆弱だということなのです。

そこで、むしろ、はっきりと次のように言ってしまった方が分かりやすいのではないか、ということにもなる。たとえば戦後憲法学の大家であった芦部信喜は、憲法制定とは、ひとつの価値の選択的な定立だというのです。それは、歴史的に形成され、近代社会が受け入れた「人間的価値の尊重」という、いわば思想、イデオロギーの選択だ、というのです。憲法の本質は、それが、根本的規範として他の規範を縛る形式的な位階性にあるのではなく、また、その成立過程の政治的権力にあるのでもなく、それが、近代社会の政治的・哲学的思想である「人間の尊重（ヒューマニズム）」に基づいた、自由の尊重や民主的法治国家の理念をもっている点に求められる、というのです。

こうなると、憲法の成立が押し付けであったか、正当性があったか、などということはもうどうでもよい、ということになるでしょう。問題は、その成立の形式や事情ではなく、「内容」だということになる。それが、自由な個人による自由社会の価値を体現し、民主的な法治体制や基本的な人権（人間の尊重）を保障するものであることだけが憲法に正当性を与える、というわけです。

こうして、憲法の本質は、基本的人権保障によって国家権力を制限するところにある、という「近代立憲主義」なるものが成立することになります。だから、近代憲法の本質は、国民主権（民主主義）と基本的人権保障であり、それによって国家権力を抑制する点にある、とされる。そして、それは、芦部さんによると、歴史的に生成した価値であり、イデオロギーだというのです。

ただこのイデオロギーは普遍性をもったものだという。「人間人格の自由と尊厳」という価値は、歴史的に生成したというだけではなく、普遍的な価値であり、普遍的な法原則だと芦部さんは述べるのです。それは、ただ仮説的、形式的におかれた最高規範などではなく、文字通り、近代社会を構成する根本的な規範であり「超実定法」だというのです。

しかもそれだけではありません。基本的人権保障は人々の生命や財産の保障を含んでいる。したがって、それは戦争放棄の平和主義を含意している。また、平和主義を実現するには国民主権が不可欠である。したがって、国民主権、平和主義、基本的人権保障の三原則はセットであって、どれが欠落してもだめなのです。だから、国民主権と基本的人権という近代憲法の根本原理を否定することはできない。ということはまた、平和主義の原理を否定することも不可能になる。

結局、このような考えは芦部さんの次の言葉に要約できるでしょう。「憲法は価値を全然無視した単なる容器ではない。憲法は一定の価値体系の表現である。先にも述べたとおり、人間人格の尊厳を根本的な価値原理とする規範的秩序である。」（芦部信喜『憲法制定権力』）

憲法とは、まさにこうした価値原理を選び取り、それを文字通り「根本的」な規範として定立することだとすれば、この価値原理は憲法制定の行為をも拘束するのです。憲法制定とは、このような価値原理の上になされなければならないとすれば、当然ながら、憲法改正も、この原理に基づかねばならない。いいかえれば、三原則の否定はいくら改正手続きをへても不可能だ、ということになる。9条の変更は不可能だというのです。

これはなかなか強力な主張というべきでしょう。そして結局のところ、護憲派の憲法学者のいいたいことはここに集約されていると思われます。「憲法は憲法であるがゆえに守れ」といっているのではなく、憲法を成立させた価値を守れといっているのでしょう。憲法とは、近代社会を主導した「人間の人格的尊重」という政治的価値を実現するものである、ということなのです。

そして、その立場からすれば、日本国憲法は特異どころか、これほど見事にできた憲法は他にはない、ということになる。国民主権（民主主義）、基本的人権保障、平和主義は三点セットとしてこの価値を実現するもので、他国には平和主義（戦争放棄）はありませんから、他国の憲法は、いずれ完全なものではない、ということになります。アメリカの憲法など、堂々と、連邦議会は戦争を宣言する権限をもつ、としており、人権保障（権利の章典）さえも後から付け足したものですから、相当に出来の悪い憲法、ということになる。自国の憲法はそっちのけで占領国日本にかくもりっぱな憲法を与えてくれたマッカーサー元帥には感謝しなければなりません。

先に、私は「憲法」というものがよくわからない、といいました。そもそも憲法とは何なのか？　ここで私は、またこの疑問に戻ってきてしまうのです。

憲法とは、最高規範であり、憲法の創造とは、その規範の定立です。では、人格の尊厳、人権尊重、自由・民主主義といった「近代社会の政治的価値」を最高規範とする根拠はどこにあるのでしょうか。それが普遍的価値とはどうしていえるのでしょうか。

しかし、先に述べたように、護憲派の憲法学者が、「憲法は憲法であるがゆえに擁護されなければならない」という当然でかつ内容空疎な憲法擁護から一歩踏み出して、三原則は普遍かつ不変のものであり、絶対的なものであるというのなら、それはある特定の価値を選択しているということです。彼らは、近代の政治的価値を絶対的なものとして選択し、それを擁護しているのです。つまりひとつの政治的立場へ深くコミットしているのです。

そこで、この人権保障や民主主義を打ち出したアメリカ憲法とフランス憲法を少し思い出してみましょう。アメリカ憲法では、特に人権尊重など謳っていません（後に加えられた修正条項で、事実上、それを記しています）。憲法が規定しているのは、立法権（連邦議会）、行政権（大統領）、司法権（裁判所）の役割だけです。では人権保障はどこにあるのか。それは、たとえば、憲法発効（1788年）に先立つ、ヴァージニア革命議会の「権利章典」（1776年）や、ジェファーソンが起草した「独立宣言」（同年）によって宣言されている。前者では、人は基本的権利を「生まれながら、有している」とされ、後者では、それは「自明の真理として……造物主によって一定の奪いがたい天賦の権利を付与され」ている、とされるのです。

生命や自由に対する基本的権利は「生まれながらに有したもの」であり、また「造物主によって与えられた自明のもの」である。つまり、「無条件」に与えられた、としている。論じる余地はないのです。

「神」も「思想」もない日本人の憲法とは

ここには、ヨーロッパのいわゆる「自然権思想」があります。また、造物主（神）から知られるように、ユダヤ・キリスト教という宗教的背景を読み取ることもできる。いずれにせよ、それは欧米の歴史と思想史、それに宗教的背景のなかで形成してきたというほかありません。しかも、ヴァージニア革命議会の「権利章典」も「独立宣言」も、イギリスからの独立革命の産物であった。それは、イギリスからの独立、すなわち、イギリスの君主統治からの解放をめざし、まったく新しい政府を創出する、という権力の創出行為のなかで生まれたものだった。いいかえれば、それは、イギリスの王権からの解放と、新たな政府の構成の原理であり、思想であり、いいようによってはイデオロギーだった、ということです。そして、その活動のもとで憲法は作り出されたのです。それはまた、連邦政府を作り出すことでもあった。つまり、憲法制定は、新たな統治機構を生み出すというきわめて「政治的」な行為だった、ということです。そのさい、新たな統治権力に正当性を与えるものとして「自然権」としての人権が持ち出されたのです。

フランスの場合も、憲法制定が高度な政治的活動であった、という点ではアメリカとまったく同じです。フランス憲法はしょっちゅう変わりますが、その最初のものはフランス革命のさなかの1791年に制定されました。その前提になっているのが有名な「人権宣言」（1789年）です。ここでもまた、「人および市民の権利」は「神聖な自然権」である、といわれ、その承認は「至高の存在の面前で、かつその庇護のもとに」行われる、とされるのです。それは無条件なものです。なぜ無条件なのかというと、そこには自然権思想と神があるからです。「人」を超えているのです。憲法はこの「人」を超えた根拠をもつ「人権宣言」を前提にして、人民代表による憲法制定国民議会によって創出されたのです。ここでもまた、革命によって王権を打破した後に、新たな政府を生み出すという血みどろの政治があり、「人権宣言」も「憲法」も、この政治の産物といっても過言ではない。それは、王権を破壊して人民主権的政府を創出する正当性を与えるものだったのです。そして主権とは、正当化された「力」を持つということなのです。

こうして憲法が制定される。アメリカでは連邦憲法制定会議が設置され、フランスでは人民代表による憲法制定国民議会が作られる。つまり、憲法制定権力によって憲法が制定されるのですが、それは「独立宣言」や「人権宣言」を前提としている。「神」や「自然権」によって与えられた基本的権利を実現するものとしての統治機構を作り出すことが憲法制定にほかならないのです。これはひとつの高度な政治運動であり、政治的価値の実現です。だから、憲法制定権力は、ただ力の表出による無制限の行為ではなく、ある価値を実現するという意味で、その価値（基本的人権）によって制約されているということになる。

これは確かに重要なことでしょう。したがって、当然、憲法によって生み出された政府（統治機構）、つまり公的な権力は基本的人権によって制約されることになる。さらにいえば、憲法とは、人間の基本的権利を保障しつつ、公的権力の正当な行使の権限を与える仕組みということになるでしょう。これが「近代憲法」であり、「近代立憲主義」といわれるものなのです。

だからこそ、憲法（コンスティチューション）とは、まずは、構成、組成といった意味をもち、それは統治の仕組みを与えるものなのです。それゆえ、アメリカ憲法は統治に関わる三権の役割を記し、現在のフランス憲法も、前文にちらっと１７８９年の人権宣言への愛執を述べてはいますが、基本的に統治機構のあり方を記しているだけなのです。

くりかえしますが、近代憲法とは、何よりまず人権保障による国家権力の制限だといわれ、近代立憲主義とは、その憲法原則に従う政治だとされる。しかし、それは決して自明のことでもなく普遍的なことでもなく、あくまで、アメリカやフランスにおける「人の権利」に関する宣言という歴史的文脈においてはじめて理解できることなのです。

とすれば、近代立憲主義がいかにアメリカやフランスの歴史的な特異性によるものかは明らかでしょう。革命による王権の否定、新たな権力の定立、そのための高度な政治的意思の表明が「独立宣言」や「人権宣言」でした。その際、王権よりいっそう高度で普遍的（と思われる）権威を求めた。だから、ここで書かれた基本権は「神」や「神聖な自然権」の名のもとに発せられているのです。ついでにいえば、イギリスの場合には、今ここにある王権を制限するものは、「古来の国制」と呼ばれる、古くからの伝統、慣習、それをもとにしたコモン・ローだとされたのです。イギリスではそれこそが権威あるものとみなされていたからです。

さてこうなると、われわれは本当に「憲法」がわかっているのか、という気分になってくるのです。われわれにとって「憲法」とは一体何なのでしょうか。

「普遍的な人格の尊重」という何やら美しい言葉がいきなりでてきても、われわれはそこに深い思いを注入することはできません。それを与える「自然権思想」も「神」ももたないからです。ローマ法も、キリスト教も、教会法も、ホッブズもロックもルソーももっていないからです。それに価値を与える権威が見当たらないからです。しかも、それを生み出さざるを得なかった王権や貴族的特権との激しい戦いや、この戦いの実相でもある人民の恐るべき権力欲をももたなかったからです。

フランス革命のジャコバン独裁をみればわかるように、普遍的人権という崇高な思想は、恐るべき権力闘争と虐殺の政治劇を伴っているのです。人民主権や人権の絶対性のもとに行われた虐殺は、この理想の裏に隠された暗く汚れた権力欲を暗示しているのです。

私が「憲法」がよくわからない、という理由はおおよそわかっていただけたでしょう。西洋にあっては、憲法の制定そのものが政治的行為であり、王権を打破し、市民政府を作るという政治的行為に正当性を与えるものだった。そして王権（世俗的・政治的権力）よりも基本的人権をより上位におくために、「自然権」や「神」や「古来の国制」といった権威を持ち出してきた。それが日本にはありません。ただただ、基本的人権の普遍性といっても、それを根拠付けるイデオロギーとしての「神」も「思想」もない。そうだとすれば、日本ではそれは衰弱した政治的スローガンにしかならないでしょう。日本は、日本の歴史や文化に則した独自の憲法を構想するほかないのです。

第五章　「民主主義」の誕生と歴史を知る

「デモクラシー」は「民主主義」にあらず

「民主主義」というマジックワードが久しぶりに復活しました。２０１５年9月の参議院における安保法制に対する反対運動においてのことです。「戦争法案反対」（これもひどいスローガンですが）がいつのまにか「民主主義を守れ」に変わってゆきました。19日未明に参議院での採決を終え、安保法案が可決された直後に国会前に姿を現した福山哲郎議員は、多数の人々を前に、法案成立を阻止はできなかったが、われわれは勝利した。これだけの人が民主主義を守るために集まってくれたからだ、というようなことをいっていました。ただ、すかさず、何をいっているのだ、われわれは敗北したのだ、といったヤジが飛んでいた、とも報じられていましたが。

つい1960年の安保条約改定のことを思い出してしまいます。60年安保では、「アンポハンタイ」はいつのまにか「民主主義を守れ」に変わってゆきました。安保粉砕を叫んで国会突入をくわだてた全学連が安保闘争を完全な敗北だとしたのに対して、丸山眞男を始めとする左翼系の知識人たちは、それを民主主義の勝利、としたのです。反対運動の国民的な盛り上がりを民主主義の進展としたのでした。

こういう言説が繰り返されるのをみていると、いささか虚しくなってきます。今回も左翼系のメディアは、国会前に群がった反対運動の集団をもって民主主義の高揚といい、安倍政権の国会運営をさして民主主義の破壊だ、などという。またこの反対運動の象徴となった学生集団である「シールズ（SEALDs）」をしきりに取り上げました。シールズとは「自由と民主主義のための学生緊急行動」なのです。「民主主義」は疑問の余地なき神聖な言葉になっているのです。

60年の全学連や70年前後の全共闘の暴力闘争をよしとはしませんが、闘争とはいずれ非合法で暴力的なものを排除できません。何かを本当に変えたいというなら、どこかで暴力やクーデター（たとえば70年の三島由紀夫）という選択をまったく放棄するわけにはいかないのです。「民主主義」は、その反対派の牙を抜き、反対派を取り込んで多数派が支配するメカニズムでもあるのです。全共闘左翼も、だから戦後民主主義をひとつの欺瞞とみたのでした。若い人たちが、この巧妙な支配のメカニズムに疑問の余地もなく賛同すること自体が、私には疑問なのです。

大学での講義のおり、時々学生に尋ねました。民主主義を英語ではどう呼ぶのか、と。むろん「デモクラシー」です。では、デモクラシーを日本語にするとどうなるの、と聞くと、少し困惑しています。この語をそのまま日本語にすると「民主政」とか「民衆政治」でしょう。「民主主義」ならば「デモクラティズム」でなければなりません。しかし、一般的に「デモクラティズム」という用語は使われません。つまり、われわれのいう「民主主義」に相当する言葉は英語には存在しないことになります。

もちろん、英語の「デモクラシー」にも、日本語の「民主主義」のニュアンスが付随するのも事実なのですが、同時にそれは、ただ政体をさす「民主政」を意味しているのです。

「主義」とは主張であり、理念であり、思想やイデオロギーです。必ずしも現実に実現している状態ではない。ある理念を打ち出し、それを優れたものとして訴える観念の運動なのです。これに対して、「民主政」の方は、あくまで君主政や寡頭政などと並ぶひとつの政治形態であり、政治的な意思決定の方式です。それは一人の絶対者が決定する君主政や僭主政ではなく、また少数者が決定する貴族政や寡頭政でもなく、多数者が決定する政治の仕組みなのです。多数者は多くの場合、大衆であり民衆ですから、それを「民衆政治」といってもよいでしょう。

今日のわれわれの政治の仕組みが民主政であることを疑うものはいないでしょう。「民主政」とは、多数者の意思が政治を決定する仕組みです。議会制民主主義であれ、直接民主主義であれ、そのルールに従った政治的決定は民主的なのです。

私は、デモクラシーという言葉はあくまで「民主政」という意味で使うべきだと思っています。それに特に良いも悪いもありません。長所もあれば欠陥もある。議会主義の民主政は現にわれわれが採用している政治的ルールであって、それだけのことです。にもかかわらず、それを「民主主義」と呼び変えて、そこに崇高な理想を持ち込み、ある種の情緒的な神聖化を行うとたいへんにやっかいなことになるのです。

まずもって、今日われわれがいうところの「民主主義」というものは厳密には成立しません。こういうと、奇妙に思われるかもしれませんが、少なくとも民主主義という概念には本質的に途方もない欺瞞が含まれていることにわれわれは気付くべきです。それはこういうことです。

民主主義という観念の心臓部には「平等」という理念が大きく書き込まれています。実際、民主主義を理想的な政治とみなす意識を支えるものは、この「平等」観念でしょう。

「平等と自由」で排除される人

ところで「平等」とは、「等しきものを等しく扱う」ということです。ということは、「等しくないものは、等しく扱わない」ということも含んでいる。では、何を等しきものとみなすのか、このことが決定的となってくる。つまり、民主主義とは、ある範囲のものを等しきものとみなす、と同時に、その範囲外のものを排除するのです。特定の形の「同質性」と「異質性」の意識に基づいている。その上で「異質なもの」を排除するのです。

だから、ギリシャの民主主義では、特権的な市民だけが政治参加を行い、女性や奴隷や外国人は排除された。それは、同質性の原理が「徳をもった市民」におかれたからでした。19世紀にイギリスは民主主義の国だったといってもよいでしょうが、世界に巨大帝国を作り上げたイギリスの民主主義は植民地を排除した。イギリス領土のすべてに民主主義は開かれたわけではなかった。これはあくまで「本来のイギリス人」という同質性を前提にしたからです。

では今日の平等原理の同質性はどこにおかれているのか。それは理念としていえば「人としての権利」でしょう。人権の普遍性ということです。「人としての権利」を保有する主体としてわれわれは平等なのです。肌が白いとか黒いとか、頭がよいとか悪いとか、カネがあるとかないとか、どこで生まれたとか、男であるとか女であるとか、といったことでは差別されない。「権利をもった人間」として同質なのです。とすれば、今日の民主主義はすべての人に開かれていなければなりません。つまり、「世界市民」による世界民主主義でなければならないのです。そしてそんな政治は成り立ちえません。「普遍的な人権」に基づいた民主主義などありえないのです。

それでは現実に今日の民主主義の同質性原理は何かというと、国民的な同質性です。民主主義とは、あくまでひとつの国の政治的意思決定以外の何ものでもないからです。ここでは国民的な同質性が「人としての同質性」よりも上位におかれるのです。大地や海に厳然と国境線が引かれており、内と外が区別されている。ではその内と外を区別するものは何か。それは、その国境の内にいる人たちが、同じ文化や歴史を共有し、同じ国民としての同胞意識をもつことなのです。国民意識が普遍的人権よりも上位におかれている。そして、それは自国民と他国民という差異を前提とする。民主主義とは、実は、こうした他者排除と自国民の同質性の優越に基づくほかありません。自国中心主義を前提としている。

そしてそれは、理念もしくは理想として語られた民主主義を破壊するというほかないでしょう。近代民主主義の理想は、政治参加や自由の権利におけるすべての人の平等性、という確信から始まったからです。しかし「人としての権利の平等」は、現実の民主主義では通用しない。実際、たとえば日本国憲法の三原則は一体である、といわれる。基本的人権保障、民主主義（国民主権）、平和主義は三位一体である、といわれる。特に、民主主義を支える原理は基本的人権の普遍性にあるとみなされている。しかし、現実には、同一の国民にしか政治参加は認められない。普遍的人権の絶対性などといいながら、実は、国民原理に基づいた差異化が公然と行われている。

むろん、これは当然のことです。政治とは地球上に国境線を引き、一定の範囲で「国民」を囲い込み、「国民」の統治を行うもので、自国民と他国民の差異化に基づくのは当然のことなのです。しかし、理念や理想として語られる民主主義はそうではない。だからここにどうにもならない欺瞞が持ち込まれてしまう。理念としての民主主義の正当性を、あらゆる人が平等な権利をもつ、という点に求めながら、実は、国民という文化的、歴史的な同質性を前提としている。この同質性は、当然ながら外国人や難民や無国籍者などの排除の上に成り立つことになるでしょう。

実際、今日、ヨーロッパへ押しかけてきたシリア難民を見れば、このことは一目瞭然で、そもそもシリアの混乱をつくりだしたものが、アサド大統領の独裁を倒そうとするシリア民主化でした。その結果、国を失った巨大な難民の群れが誕生したのです。たいへんに皮肉な話です。しかし普遍的人権と民主主義を掲げるヨーロッパは押しかけてくる難民を受け入れるほかありません。少なくとも理念の上ではそうなるのです。だが実際にはそれは不可能です。だから、受け入れを率先したドイツにしても、受容可能性を一定の範囲に限定し、フランスなどは最初から消極的になっている。

また、そもそもの近代民主主義と人権思想を生み出したフランス革命においても、国民主権が第三身分に限定されていたことはいまさらいうまでもなく、貴族や僧侶といった特権階級も外国人も当初より排除されていたのです。ここでは、同質性の基準は実は

「人権の普遍性」どころか、「財産をもたない市民」だったわけです。つまり、民主主義とは、第三身分に都合のよい観念に過ぎなかった。自らを民主主義の立場においたものが、自らと同質のものを民主主義の主役に据える。その時には、民主主義の敵対者が同時に措定され、彼らは排除されることになる。ここに、民主「主義」という理想の欺瞞があるのです。

また、しばしば民主主義は自由な討論や議論から成り立っているといわれます。民主主義の本質は自由な討議にある、と擁護派はいう。しかしいうまでもなく、ある事項についての利害関係者がすべて一堂に会して議論するなどということはまったくもって不可能です。日本の安全保障に関心をもつものは原理的にいえば日本人全員ですが、とてもではないが、これが一堂に会して議論することはできません。また、日本の安全保障や集団的自衛権の利害関係者となれば、アメリカ、中国、韓国なども黙ってはいないわけで、こうなると彼らも一堂に会して議論に参加することにもなる。

もちろんこれはばかげたことで、当然ながら民主的議論の範囲は限定される。この限定によって議会が構成されているのです。だから、自由な議論は、民主主義というよりも、まずは議会主義の原理なのです。代表者が選出された議会であればかろうじて議論がなされうるからです。

それでも、議会において、各党派が自説に固執して有効な議論が行われない、ということはあるでしょう。しかしだからといって国会前の集会の方が民主主義だなどということにはなりません。民主主義は討議だなどといって、国会前に10万人の安保法案反対者と10万人の賛成者が集まって民主的討論をやれ、とでもいうのでしょうか。議会がうまくいかないとすれば、問題は議会代表の見識と意識にあるのです。

議会において建設的な議論がなされるためには、議員が特定の地域や組織や職業などの個別的利益を代表するのではなく、国の代表であるという「公共性」をもっていなければなりません。さもなければ、真の議会主義も成立しないのです。そして議会でさえも十分な討議ができないときに、自由な討議に基づく民主主義などありえません。民主政治とは、せいぜいのところ、人々が見識のある国民代表を選出して議会へ送り出すことができるだけなのです。それこそが良かれ悪しかれ民主政治というものでしょう。ですから、議会が機能しないということは、見識ある政治家を人々が選出できなくなっている、ということにほかなりません。あるいは、社会の側にまともな政治家を育てる意思がないということでしょう。議会への批判は、議員を選出する自分たちへの批判になってしまうのです。

誕生の発端は〝人違いの殺人〟

さて、民主主義の発祥は古代ギリシャにあるとされています。ではそもそものギリシャの民主主義はどのようにして誕生したのか、そしてそれはいかなるものだったのでしょうか。ざっとみておきましょう。

通常、ギリシャの民主主義は、独裁者である僭主による専制政治を打ち破って出現したとみなされています。特に、紀元前6世紀に、身勝手な政治を敷いたヒッパルコスを殺害した二人の青年（ハルモディオスとアリストゲイトン）こそがアテネ民主化の立役者としてアテネの中央広場（アゴラ）に記念像が作られていました。しかし実際に生じたことはそんなことではなかったようです。

ジョン・キーンの『デモクラシーの生と死』等を参考にすると、実際に生じたことは次のようなことでした。前6世紀のアテネを支配していたのは名門貴族のペイシストラトスであったが、彼の死後、その息子たちであるヒッパルコスとヒッピアスの間で大変に醜い権力争いが生じていた。その争いのなかに、同性愛をめぐるトラブルがあり、一族の間で恨みや嫉妬が渦巻き、ヒッパルコスがカーニバルの最中に先のふたりの青年に暗殺されたのです。しかも、それはヒッピアスを殺害するはずが誤ってヒッパルコスを殺したというものであった。

こうして、ヒッピアスとヒッパルコスによる僭主政は幕を閉じ、その後、アテネは大混乱に陥る。それを収束したのは大富豪エリートのクレイステネスであった。彼は聡明な貴族であり、もはやアテネは僭主政では統治できないことをよく知っていたのです。そこで彼はアテネを十の部族と三つの行政区に整理し、一般市民からなるポプリテスと呼ばれる重装歩兵団を組織し、また、統治機構としての「五百人評議会」や「民会」を作った。こうして、ギリシャの民主政は、アテネの混乱を鎮めるために、富豪貴族の手によって生み出されたわけです。しかも、その発端になったのは、市民による政治参加の要求でも何でもなく、なんと腐敗した僭主一族の痴話げんかと嫉妬と権力闘争がもたらした人違いの殺人だったのです。

しかし、このことの記憶は重要で、僭主政は腐敗と堕落と権力闘争をもたらすだけだ、というトラウマがしっかりと植えつけられ、負の記憶がギリシャ民主政を支えたのでした。

ではその民主政とはどういうものだったのか。最高の意思決定機関は「民会」にあり、これは成人男性の市民全員参加でした。ここでは平等な自由討論が行われたことは間違いない。ただ民会の審議事項を前もって決定していたのは先の「五百人評議会」で、これは30歳以上の市民のなかから抽選で選ばれた。また裁判は市民から抽選で選ばれた陪審員によって行われました。役人も抽選で選ばれ、かなりの数の市民が役人の仕事をしました。確かに、アテネ民主主義は市民が平等に政治に参与する直接民主主義であったといえるでしょう。ただし、最盛期でもアテネの参政権をもつ市民数は3万から4万であったことも忘れるわけにはいきませんが。

では有力政治家はどうして誕生するのか。それは民会での評判なのです。「平等」といっても、やはり有力貴族や有力者はいるのです。だから演説、説得、パフォーマンスがきわめて重要であり、さらには賄賂も横行した。ただ、それを防ぐために、弾劾裁判所があり、市民なら誰もが有力政治家を贈収賄や売国などの罪で告訴でき、政治家を死罪にすることもできたのです。さらにかの有名な陶片追放（オストラキスモス）があった。不適切と思われる政治家を市民が追放できたのです。これは僭主の出現を防止するための制度ですが、実は完全な欠席裁判で、罪状も明示されずいっさいの弁明も許されないものでした。確かに、市民はたいへんに大きな権力をもっていたのです。

しかし注意していただきたいのですが、政治家もまた市民なのです。職業的政治家というものはありません。政治家とは市民のなかから出現する有力者であり（多くの場合、貴族や富豪でした）、しかも強いリーダーであるためには、ほとんどの政治家はストラテゴス（将軍）という軍事的最高指導者の経験者でした。ストラテゴスは軍事的な名誉と強く結びついたものでしたが、その強力な指導者でさえ、いつ何時、追放されるか、弾劾裁判にかけられて死刑に処されるかわからない。それはすべて市民の心持ち次第なのです。だから、アテネ民主政の政治を特徴づけるものは、一つは、何が起きるかわからないという「不確実性」であり、もうひとつは、そのなかで常に市民・民衆の支持を得なければならないという強い「緊張感」だったのです。

「不確実性」は、一方で状況に対する適応という意味では柔軟でしょうが、他方ではきわめて不安定です。また「緊張感」は一方で政治家に責務の観念を植え付けるでしょうが、また他方では、些細なことで悪評をたてられ、追放されるという疑心暗鬼を生み出すでしょう。そこから、政治はいやおうなく大衆迎合的になり、非難の応酬と足のひっぱりあいになり、時には、演説によって大衆を味方にするデマゴーグが出現するのも当然だったのです。
確かに、ギリシャの民主政において「市民」なるものが圧倒的な力をもっていたことは事実でしょう。しかし、この力はまた情緒や嫉妬やその時々の気分に左右されるきわめて不安定なものであった。政治を動かそうという政治家はこの民衆の力を頼むほかなく、また、その力を恐れたのです。プラトンが批判したように、民主政は「何でも売っている縁日」のようなものだった。今日同様、ポピュリズムとデマゴーグが跋扈したのです。

そもそもデモクラシーの語は「デモス」と「クラテイン」が合成されたもので、本来はポリスの行政区画をさした「デモス」が転じた民衆（そのうちにギリシャでも「デモス（市民）」に代わって「プレトス（大衆・群集）」という言葉が使われるようになりますが）に「クラテイン（支配する）」が合成されたものです。「クラティア」は、「力による支配」あるいはもっと強く「征服する」、「優勢を誇る」という意味合いを含んでおり、たとえば君主政を示す「モナルキー」、つまり「モノ（単一の）」「アルケー（支配の根源＝始まり）」という言葉とはニュアンスを異にしている。少なくともある人々にとっては、デモクラシー（デモクラティア）は、現状に不満をもつ「デモス」が自己利益を追求して威嚇的な支配をおこなうものだと思われたのです。「市民」＝「民衆」はきわめて大きな力をもっていたのです。

先にあげた陶片追放について、たとえばブルクハルトは次のようなことをいっている。

誰かある有力者が出現し公然と信頼を寄せられるとなるとすぐに陶片追放の対象となる。ここにあるのは、比類ないものに対する、思い上がった無能の輩の憎しみである。「陶片追放は群小野心家の発明である」とまで彼は書いています。そしてまた「デモス」は、デモクラシーを守るために、デモクラシーの敵と見なされる人々を処刑していった。僭主とその一族を殺害することをギリシャ市民すべてが誓わされたのです。しかも、この「デモクラシーの敵」の殺害者はいっさい罪に問われないどころか、殺害されたものの財産の半分を殺害者に与え、その子孫にも給付するということになっていたのです。恐るべき民主主義というほかありません。

民主主義を育んだ「戦争」と「植民地」

さてギリシャの民主主義を語る場合に、もうひとつ大事なことがあります。それは「戦争」と「植民地」です。じっさい、ギリシャの民主主義はこの両者と密接な関係をもっていた。まず、この時代に、大規模な戦争は重装歩兵団を中心に行われるようになった。18歳になった若者は市民登録をするとともに兵役に就かされたのです。そして、いつの時代も同じですが、現実に戦地に赴き、血を流して戦争を遂行するものの政治的な発言権はいやおうもなく高まるのです。海軍の乗組員は最下層市民だったのですが、かれらもまた強い平等意識を持っていた。こうして兵士としての仲間意識や平等性も民主政の形成の一因となったのです。

そしてまた戦争は戦士的な名誉や勇敢さ、男性的な卓越性（アレテー）にたいして大きな価値を与えました。市民のなかから有力な政治家になるには、この戦士的な卓越性を民衆の前に示すことが決定的に重要で、民会やプニュクスの丘での演説はそれを発揮する最善の舞台だった。軍事的武勲とデモクラシーは不可分だったのです。ペロポネソス戦争の開戦時にペリクレスが行った有名な演説など、軍事的な高揚と民衆政治（デモクラティア）の結びつきを見事に示しています。

かくて「戦争」と「デモクラシー」が結び合わされてゆくと、こういう意識が生み出されてくる。それは、デモクラシーこそが「力」を生み出し、その「力」がアテネを他とは異なった独特のポリスにしている、という特権意識です。そして、デモクラシーをもつアテネは、より文明度の低い他国を植民地に出来る、という優越感です。アテネ人は自分たちのデモクラシーこそが周辺世界へ働きかける力の源泉だと考えるようになる。「パワー・ポリティックスと帝国主義とは、アテナイの典型、デモクラシーの典型と見なされた」(キーン　前掲書)というわけです。

実際にアテネは平均して3年に二度の戦争を行っており、たえず周辺世界に植民地を生み出していったのです。そして、この植民地がアテネに富をもたらす。アテネの植民都市はアテネに毎年貢納金を納めることを要求されたからです。また植民地の形成は、武勇を誇る市民に名誉と力をもたらす。この富と力を背景としてアテネのデモクラシーは機能し、また、デモクラシーであるがゆえにこそアテネは強固な軍事国家になりえたのです。少なくともギリシャ人はそのように考えた。市民たちの自意識はほとんど思い上がり(ヒュブリス)の域にまで達し、アテネの誇り高きデモクラシーは、周辺の野蛮人(バルバロイ)を支配する正当性をもつとみなされるようになる。

これがギリシャのデモクラシーでした。もちろん、この古代のデモクラシーと今日のそれを同一視することはできませんし、この2500年ほどの間にたどってきた民主主義の歴史を無視することもできません。しかし、それでも、ここに略述したギリシャのデモクラシーにおいて、今日にまで通じる民主主義の本質的な問題はすべて提示されているように思えるのです。ギリシャ人にとって、デモクラシーは、一方で、きわめて不安定な政治体制でした。それは大衆迎合とデマゴーグを生み出す「劇場型政治」でした。政治を動かすものは大衆の情緒や気分や情念であり、政治家は人気をうるために大衆の情緒を動かそうとしたのです。今日のポピュリズムにほかなりません。大衆政治もしくはポピュリズムは、決して民主主義の逸脱形態などではなく、むしろ民主主義（デモクラシー）の本質なのです。

この政治的不安定をかろうじて固定し、民衆の情念を動かす上できわめて重要な役割を果たしたのが「戦争」でした。武勲や戦士的名誉は市民的な徳の上位におかれ、デモクラシーのアテネは特権的な文明都市という自己意識をうみだしたのです。デモクラシーのアテネこそがギリシャの、さらには宇宙の中心である、という驕り（ヒュブリス）を生む。デモクラシーの帝国主義です。これなども今日のアメリカを連想させるに十分でしょう。

最後に、これも重要なことですが、ローマ時代にはいるとデモクラシーは忘れ去られてゆくのです。アテネがマケドニアに滅ぼされると、デモクラシー（デモクラティア）

などくだらない、という意識が強くなるのです。ローマ人は、指導者に対する民衆の忘恩を批判し、民衆支配としてのデモクラシーを非難するのです。それにかえてローマ人が持ち出したものは、成文規定（法）をもった混合政体でした。つまり、法の重視と、君主政、貴族政、民主政を混合させるという混合政体でした。ローマでいえば、執政官、元老院、民会の混合による政治であり、それは今日のアメリカにまで受け継がれていますす。大統領、上院、下院です。こうした、法の支配、混合政体による権力分散などは、デモクラシーではなく、むしろ共和主義（リパブリカニズム）という考えなのです。擁護するにせよ反対するにせよ、少なくともこれぐらいのことは知った上で、われわれは民主主義について論じるべきなのではないでしょうか。

第六章　グローバル文明が生み出す野蛮な無差別テロ

アラブの言い分とは

２０１５年11月13日にパリで、ＩＳ（イスラム国）に影響を受けた若者によるテロがおき、１００名以上が死亡しました。フランスは空母を派遣してＩＳの攻撃にのりだしました。

この問題を「われわれ」はどう考えればよいのでしょうか。

テロの少し後に産経新聞（２０１５年11月23日付）に海外の三つの新聞の論説の紹介記事がのっています。

まずフランスの代表紙フィガロ紙。当然ながら激しい調子でテロを批判します。「これは戦争、本物の戦争なのだ」という。２０１５年１月の新聞社シャルリ・エブドへの襲撃以降もフランスはイスラム教徒との共存を唱えてきたが、それはもう幻想に過ぎないことがわかった。いまや民主主義が攻撃されており、われわれには民主主義を守る義務がある、というのです。

次にカタール資本が作っている汎アラブのクドゥスルアラビー紙。問題の根本は中東の複雑な政治問題に対して軍事的介入に頼った西洋のやり方にあるとし、特にフランスはアルジェリアに対して過酷な弾圧を行い、北アフリカからの移民に対して、彼らの文化や宗教を侮蔑し抑圧してきた、という。問題の主要な責任は西洋側にある、というのです。

そして最後にロシアの国営ロシア新聞。これはちょっと面白くて、すべての問題の根源はアメリカにある。無分別な中東への介入や侵略を行い、民主主義の普及や独裁を倒すなどといって、思慮なく自分たちのやり方を中東に押し付けたアメリカこそが、この事態をもたらした、という。

三者三様なのです。それでは日本はどういう立場にたつのでしょうか。

ちょうどこの頃、私はある中堅ビジネスマンたちの集まりで、このテロを題材に話をしました。三紙の論調を紹介し、どの論調にもっとも共感するか、と尋ねました。すると、20名ほどの参加者のうち、フィガロ紙への賛同者はわずか3人ほどです。汎アラブのクドゥスルアラビー紙への賛同が10名強、そして国営ロシア新聞が数名、といったところです。

意外といえば意外かもしれません。誰もテロを擁護するわけではないのですが、全体の構図をみれば、アラブにも言い分はある、といったところなのです。

一方、安倍首相は、日本も国際社会と連携して、断固としてテロと戦う、といった。日本の新聞やジャーナリズムの基本的な立場は、フランスへの強い同情を示し、テロは断じて許されるものではない、という。ただその先になるとどうもいかにも歯切れが悪いのです。

ＩＳは、アメリカの同盟国やフランスと連携する「有志連合」はすべて敵国であり、テロ対象国だといっています。日本もターゲットとして指名されている。もちろん、過剰に危機をあおる必要はありませんし、今すぐに日本が攻撃されると断じる根拠もありませんが、日本でも同様のテロが生じる可能性は否定できなくなったのです。

しかも、以前から安倍首相は「積極的平和主義」を唱え、日本は国際社会と協調しつつ、世界の様々な脅威に積極的に対抗する、と宣言していた。ここでいう「国際社会」

とは、アメリカ主導の世界秩序といってよい。実は、二〇〇五年に日米両政府間で合意された「日米同盟：未来のための変革と再編」という文書において、いまや世界は新たな脅威にさらされており、日米はこの脅威に対抗するために共通の戦略をもって協力する、という趣旨のことが書かれていました。

この場合の、「新たな脅威」とは、いうまでもなくイスラム過激派のテロであり、その支援国家をさしています。その背後には二〇〇一年のアメリカへの同時多発テロがあった。つまり、同盟国である日本もアメリカの対テロ戦争に協力せよというわけです。日米は文明社会を守るという共通の価値観と目的をもって共通の戦略をたてるのです。とすれば、日本もすでに対テロ戦争にはいっていることになる。

しかし、一体、何のために？ そして何を守るために？ どうしてもこういう疑問がわいてくるのです。なぜなら、対テロ戦争といっても、その背後には、アル・カイダにせよ、ISにせよ、イスラム教があることは歴然としているからです。イスラム移民を内部に抱えたヨーロッパもアメリカも、イスラムそのものは無関係だ、問題はただ野蛮で狂気にも似た「テロ」だという。

しかし、それは口先だけです。すでに先ほどのフィガロ紙も、イスラムとの共存はもはや幻想だ、と書いているのですから。西洋とイスラムの間に横たわる長い時間にわたる対立や軋轢、確執がこの背後にはある、といっているのです。問題となっているのは、世界中のどこにでもいる不満分子によるテロではなく、西洋とイスラムの対立を背後においたテロなのです。この事実から目を背けるわけにはいきません。

西洋とイスラムの対立というと、すぐにあの、ある意味で悪名高いハンチントンの「文明の衝突」が引き合いに出されます。１９９６年に出版された『文明の衝突と世界秩序の再構成』と題する書物で、ハーバード大学の著名な政治学者のハンチントンが、冷戦以降の世界は、西洋文明（欧米）とイスラム文明、中国文明などの対立の時代にはいる、と述べた。

この書物は、いたずらに対立を煽るものだとか、事実に全く反するなどと各方面から強く批判されました。２００1年の9・11テロに際しても、アメリカ政府も知識人もジャーナリズムも、公式には「文明の衝突」論を否定した。これはあくまで、テロという野蛮による文明社会への攻撃だ、だから、文明社会は結束して自由や民主主義を守らねばならない、と宣言したのです。もう少し穏健なリベラル派も、問題はテロに走る若者を生み出す貧困や差別や失業といった社会問題にこそある、といいました。

そのことは否定しません。それこそ「実証的」にいえば、西洋とイスラムの対立だなどということはできません。イスラム教徒がみな西洋に反発しているわけではない。むしろ多数派は西洋社会のなかに同化し協調しようとしている。アル・カイダを支持するイスラム教徒は決して多数ではなく、まして、ISなどイスラムの中でも共感を得ていません。スンナ派のISはシーア派イスラム教徒を攻撃し、同胞のムスリムを平気で殺害し、ムスリムの都市を破壊し、略奪している。だから、西洋とイスラムの対立図式はまったく間違っている、という。

その通りです。ある意味では正しすぎるほど正しい。しかし、その種の実証的な正解はあまり意味をもたないのです。

いや、9・11テロもこのパリでのテロも、ただ世界に不満を持ち、貧困や差別に鬱憤を溜め込んだ若者が狂気に駆られて引きおこした蛮行として片付けるわけにはいかないのです。

彼らが果たして正確にコーラン（クルアーン）を理解しているのか、本当のイスラム教徒といえるのか、といえばいくらでも疑問はでてくる。イスラムは単なる口実かもしれない。しかしそれでも、彼らを抑圧する西洋に対する聖戦（ジハード）の遂行がアッラーへの絶対的帰依（イスラム）になる、と信じている。ここで、イスラムのジハードが十分な「口実になる」ということが重要なのです。すると、西洋の側もまた、ムスリムは西洋社会へ敵愾心をもっているというある種の猜疑心を振り払うことができなくなる。

「表現の自由」より優先される「信仰」原理

ここには、確かにきわめて重要なことがあるように思います。

1989年にはフランスのパリ近郊の公立中学校で「スカーフ事件」がありました。公立中学に通うイスラム教徒の女子学生が、イスラムの象徴というべきスカーフで顔を覆って登校しました。それを公教育からの宗教排除という「ライシテ」の原則に反するとして、中学校はこの女子生徒を学校に入れなかったのです。フランスは徹底した政教分離の原則をたて、公共生活と宗教を分離する。それこそがフランス革命の精神であり共和国精神なのです。

しかし、当然ながらイスラム教徒は反発した。イスラム教からすれば、宗教的信仰の方が世俗生活より上位にある。スカーフを世俗的規則によってはずすわけにはいかないのです。ところが、このムスリムの言い分に対して、ふだんは少数派の権利擁護を唱えるリベラルな知識人も、ライシテの原則を擁護し、学校の決定を支持したのでした。

また、2005年にはデンマークの有力新聞紙ユランズ・ポステンがムハンマドの顔を描いた風刺画を掲載し、それがイスラム教徒の怒りに火をつけました。そもそも偶像崇拝を禁じるイスラムではムハンマドの肖像を描くことも問題なのに、ましてや異教徒がそれを風刺するなど言語道断です。翌年には、リビア、サウジアラビア、シリア、さらにはイラン、アフガニスタン、パキスタンにまで抗議活動は広がり、イランのデンマーク大使館が襲撃されるという事態になりました。これに対して、デンマークやフランスはあくまで表現の自由を主張し、断固、デンマークの新聞を擁護したのです。

ついでにいえば、その後、イランの新聞が「ホロコースト風刺画」のコンテストを開催して参加をつのりました。もちろん、西洋ではホロコーストはタブーです。ドイツではナチス賛美は法に触れます。キリストのどぎつい風刺も基本的にはタブーでしょう。つまり、イスラムからすれば、西洋の表現の自由とはただの西洋中心主義であり、彼らのご都合主義だ、というわけです。

仮に西洋社会で表現の自由にいっさいのタブーがないとしても、さして問題は変わりません。ムスリムからすれば、無制限の表現の自由などというものは存在しない。信仰の方が優先されるからです。

こうなると、西洋が生み出した近代社会の原理とイスラム社会の原理にはどうしても調停不可能な溝があるといわざるをえない。西洋近代は、個人の自由、民主主義、平等な権利、世俗生活と宗教の分離を社会の原理にする。しかもそれこそが「普遍的価値」だとして、そこに大きな誇りをもつのです。16世紀から17世紀にかけての血で血をあらう宗教戦争をへて、西洋は世俗的な政治的原理を神や教会という宗教原理から（一応）切り離したのです。信仰を各個人の内面の領域に追いやり、政治的世界は基本的に民主主義の原則でやってゆくことにした。それこそが理性と寛容に基づく解決だとみなしたのです。西洋近代とは、合理化であり、脱宗教化であり、自然権としての自由や平等を社会の構成原理にすえることでした。

これはもちろんイスラムの原理とはまったく対立します。信仰は個人の自由だといっても、その信仰が、イスラムの場合には、コーランを通したアッラーへの絶対的帰依なのです。この宗教社会では、社会生活はコーランやハディースに従って行われ、世俗の指導者はイスラムの高僧なのです。だから、西欧が信仰の自由を保障すれば、その信仰の自由を保障するはずの西洋近代社会の原理を破壊してしまうことになる。とすれば、西洋社会の側は、イスラムのような政教一致は排除するほかないのです。

しかも西洋社会が厳格な意味で政教分離かというと、これもかなりあやしい。イギリスは形の上であれ政治の主宰者である国王はまた国教会の主宰者ですからとても政教分離どころではありません。アメリカも大統領は聖書に手を置いて宣誓をし、公然と教会へもいき、ブッシュ前大統領もことあるごとに自分がキリスト教徒であることを誇り高く訴えていました。これも厳密な政教分離ではなく、しかもアメリカは福音派のプロテスタントの勢力が強い宗教国家なのです。またユダヤ教徒も、数は少ないものの、きわめて強力な宗教的信条をもっているのです。

こうなると、西洋を一歩離れて眺めるとどうなるのでしょうか。西洋社会は政教分離などといって脱宗教化したといい、個人の自由と平等を原則においといっているけれど、実際には、ユダヤ・キリスト教をしっかりと背負い、あくまで、ユダヤ・キリスト教的な文化の上に自由や平等を唱えているだけではないのか、ということにもなってくる。とすれば、本当にハンチントンのいう「文明の衝突」を無視することもできなくなるのです。

ハンチントンは、それぞれの文明圏（本当は文化圏といった方がよいと思いますが）の核心には宗教的信条があると考えている。だから、西洋文明（文化）の核心にはユダヤ・キリスト教があり、その上に法の支配や個人の自由・平等や民主的な政治、議会主義などがある。

一方、イスラム文明（文化）の核にはコーランの教えが厳然とある。だから、文明の衝突とは、全面的にではないものの、どうしても宗教対立の様相を呈してくる。

西洋近代「文明」とイスラム「文化」の衝突

私は「文明の衝突」ですべて説明できるなどとは思いません。しかし、かといってそれをまったくの妄念だとすることもできません。表層だけをみれば、決して文明の衝突とはいえないものの、深層レベルではこうした衝突は十分に生じえるのです。いわば「文明の潜在的な衝突」は常にあるのです。あるいは、「文明の潜在的な軋轢」といってもよいでしょう。

ではどうしてそれが、テロのような激しい憎悪をもって表層化してしまうのでしょうか。そこにこそ、西洋近代が生み出したやっかいな問題があると思うのです。

それは、西洋近代は、彼らこそが普遍的で高度な文明を生み出したという強い自意識をもっているということなのです。脱宗教化、合理主義、科学と技術、個人の自由や平等の権利、民主主義、こうした精神的価値や政治的価値は普遍的であり高度な文明の原理だとみている。一言で言えば、人間中心主義（ヒューマニズム）と合理主義にもとづく現代文明です。それは普遍的であり高度な文明だ、といういわば特権的意識です。

とすれば、神を中心におき、人が神に従属した宗教国家は文明段階に達していないことになる。未だに中世ヨーロッパの段階にあるのです。西洋近代は、「神」よりも「人」を上位におき、「神秘」よりも「合理」を、「信仰」よりも「科学」を上位においた。ここに西欧近代の「進歩」がある。明らかにイスラム社会よりも西洋の方が「進歩」しているということになる。

さらに加えて、ヒューマニズムや合理主義は「普遍的価値」と見なされる。ということは、それは世界中に通用するはずなのです。個人の自由や平等の原則も、民主主義も、世界中に展開しうる「文明の原理」というわけです。こうして、自由の権利や民主主義の政治が西洋を越えでて非西洋世界へと輸出される。特に、アメリカには、この普遍性の意識がきわめて強く、それを世界化する使命まである、という意識が強い。

ここまでくると、そもそもの、脱宗教化（政治と宗教の緩やかな分離）、個人の自由や平等、法による政治、合理的な科学や産業技術などがあくまで西洋文化のなかで生み出された、という歴史的事実はほとんど消去されてしまい、ただただ、その理念的な価値だけが取り出されて、抽象化され理想化され一人歩きして普遍化される。そしてこの普遍的価値を認めない国や人々は蒙昧な野蛮人か悪の権化ということになってしまう。

端的にいえば「近代化」なのですが、「近代化」とは実は西洋化だった。西洋の生み出した価値や制度を取り入れることだったのです。それを日本のように自主的に行った場合には、まだしも「文明の衝突」は顕現しません。本当は、明治以降の日本の近代化のなかで「西洋的なもの」と「日本的なもの」の確執や葛藤はいくらでも生じたのですが、その「西洋化」を「近代化」と言い換え、日本人自らの手で行ったために、「衝突」は顕在化しなかったのです。せいぜい、日本国内のなかでの「西洋派」と「土着派」の対立といった程度です。

ただしそれでも昭和期までくると、西洋主義の反動としての日本主義や国粋主義がでてくるのです。あげくの果ての真珠湾攻撃は、見方によっては、西洋的なものの普遍化・世界化のなかで生じた、西洋列強へ向けた日本の国家的テロといえなくもありません。

ところが、アラブ・イスラム圏のように、そもそも西洋との対立が歴史的に継続しているところに、西洋近代という「普遍主義」が入ってくる。すると、それに対する強烈な反感がでてくるのは当然ともいえるでしょう。その一部が、武装して西洋的なものへの一撃を加えようとしても不思議ではありません。イスラム過激派からすれば、西洋の近代主義の原理が世界を覆い尽くすという今日のグローバリズムのなかでイスラム的なものが追い詰められてゆく、という意識なのです。特にアル・カイダにはそういう意識があったといってよいでしょう。

私は、ここで今回のテロを擁護する気もなければ、それを正当化しようというのでもありませんが、無条件に批判しておしまいというわけにもいかない。「われわれ」はこれをどう理解すればよいのか、と問いたいのです。

そしてここに、「われわれ」にとってかなり困難な問題があることも見えてくるのではないでしょうか。というのも、もしも、西洋が生み出した今日のグローバリズムこそが問題の前提（あるいは舞台）だとすれば、確かに、われわれ日本人ももはやその外部にいるわけではないからです。

だから、今日生じていることを、改めて次のようにいってもよいでしょう。西洋近代が生み出した合理主義、自由・民主主義、人権主義、市場経済（資本主義）などの世界化（グローバル化）という現代文明のさなかで、その普遍的「文明」とイスラムのような特定の「文化」との摩擦が生じている、と。「文明の衝突」ではなく、「文明と文化の衝突」といってもよいし、あるいは「文明の内なる衝突」といってもよいでしょう。すでにわれわれは、西洋近代が切り開き、世界化したひとつのグローバル文明のただ中にいるのです。そしてこのグローバルな文明の密度が高くなればなるほど、宗教観や文化的基盤の相違が時には大きな衝突をもたらすのです。

とすれば、このテロも、広い意味で、われわれがその中にいる「文明」が生み出したともいえるのではないでしょうか。こちら側に「文明」があり、あちらに「野蛮」がある、というわけではないのです。

これは野蛮人や狂信者による「文明」への攻撃である、というだけのことではありません。テロは自由・民主主義の敵であり、自由・民主主義を守るためにテロと戦わねばならない、という簡単な話ではないのです。

正義への「驕り」が「野蛮」を生み出す

私は昔からどうも「民主主義」というものになじめませんでした。たとえばこんなことを考えてください。学校で先生が、「今度運動会があります。五つの種目のうちの三つに参加できます。私たちはどの種目に参加するか、みんなで話し合って決めましょう」という。「話し合いで決まらなければ多数決でいいですね」という。

もうすでにこの時点で私などは大いなる違和感をもつのです。おれはそもそも運動会などでたくもないのに、と思ってしまう。そもそもなんで運動会などやる必要があるんだ、といいたくなる。しかし、そんなことをいっても誰もとりあってくれません。

そうするとどうなるか。最初から自分の思いが、この「みんなで決める」ということの外にある者は、「みんなで決める」を壊すほかないのです。つまり「民主主義的な決定」というものへテロをする以外にないのです。ほかに自己を主張する方法がない。

もちろん、運動会ぐらいでテロなどする必要もなく、さぼるだけのことでしょう。即席の腹痛にでもなればいい。しかし、たとえば「税金を払っていない者は投票をしてはならない」などという提案を誰かがやって、それこそ「民主的に決める」となればどうでしょう。貧民階級の者は、もはや自己の主張さえ政治の場で述べることができなくなります。こうなると「民主主義」そのものを攻撃するほかなくなります。

いずれにせよ、ここで言いたいことは、こちら側に、自由や民主主義という「正義」があり、向こう側にテロという「悪」がある、というわけにはいかない、ということです。こちらに「文明」があり、向こうから「野蛮」が襲いかかってくる、というものではないのです。自由や民主主義の「文明」の側が、自分たちにのみ正義があるとする「驕り（アロガンス）」に陥ったとき、「文明」が「野蛮」を生み出すことがありうるのです。ナチスやヒトラーも、ただただ理解を超えた狂気の野蛮人なのではなく、高度な西洋文化が生み出したものだったのです。

西洋にはひとつの暗黙の歴史観があります。それは、西洋の歴史は、奴隷制や専制君主政や絶対王政、宗教戦争や様々な虐殺、全体主義などを克服し、自由・民主主義、人権などを打ち立ててきた、という進歩的な歴史観で、特にアメリカやフランスにはこの歴史意識が強い。この立場にたつと、自由・民主主義、人権、法の支配などへ向けて進歩しようとしない国や人々は文明国ではなく、西洋に対する脅威になる。

しかし、グローバル化の進展のなかで生じたことは、自由や民主主義などは決して穏やかに非西洋世界へ浸透するというものではない、ということだった。特に中東では、

2011年にチュニジア、エジプト、リビアで独裁体制が倒され民主化が進展し、2012年にはシリアで民主化運動が生じた。しかし、かろうじてうまくいっているのはチュニジアぐらいです。他は大混乱や内戦へと落ち込んでいる。しかも、ISを生み出した決定的な要因は2003年のアメリカのイラク攻撃だったのです。

さらにいえば、先進国も今日、自由や民主主義、そして資本主義も含めて、うまく機能しているとは決していえません。自由の果てに出来上がった金融中心のグローバル経済も、ITも、秩序ではなく混乱をもたらしている。民主主義は大衆の情緒や不満によって動揺し、資本主義は大きな格差を生み出している、という始末なのです。

こうなると、自由や民主主義の側にいる「われわれ」にとっての本当の問題は、自由や民主主義そのものにあるのではないでしょうか。

特に、日本は、もともと西洋のような自由や民主主義を自ら生み出したわけでもなく、それを普遍的なものとして世界化する歴史的使命などという自覚もありません。借り物の自由・民主主義であり、借り物の資本主義なのです。しかしだからこそ、それらが作りだした今日の「グローバル文明」のもつ問題も、いくぶんかは客観的に理解できるはずではないのでしょうか。テロの問題を、「われわれ」がそこに属している「グローバル文明」の問題として捉えることができるのではないでしょうか。

確かにこのパリでのテロは、フランス人にとてつもない恐怖を与えました。もともとテロ（テラー）とは、フランス革命におけるジャコバン派の恐怖政治に対して投げかけられた言葉なのですが、皮肉なことに、このジャコバン派が生み出した、自由・平等・博愛を原理とした今日のフランス共和国に対してテロが行われたのでした。

フランス国内ではあちこちから国歌「ラ・マルセイエーズ」が聞こえてきました。その歌詞には「武器を取れ、市民たちよ……汚れた血がわれらの畑の畝を満たすまで」とあります。自由・平等を勝ち取り、また守るための戦いの歌なのです。自由と民主主義を守るには、それなりの覚悟と犠牲と武器が必要なのです。

私は、フランス人が断固としてＩＳと戦うといい、空爆を行うという決断をしたことを批判する気にはなれません。それならむしろ、あの少し前まで国会前で「民主主義を守れ」といって大騒ぎしていた日本の「民主主義者」たちが、フランスの空爆をどうして支持しないのかが不思議になります。

また、もしも、ＩＳが日本国内で無差別テロを実行したとき、この「平和主義者」はどういうのでしょうか。そのことの方が気になります。ＩＳとの「対話」が大事だなどと本気で言っているのでしょうか。

もしも日本がＩＳの無差別テロにあえば、全面的にＩＳとの対決に入るほかありません。凄惨で嫌な戦いになることを覚悟するほかありません。しかしそれは自由・民主主義という文明の普遍的価値を守るためというよりも、「われわれ」自身を、つまり日本と日本人を守るためです。

だが、別のやり方はないのか。パリのテロの直後に、あるフランス人が次のようなことを言っているのをニュースで見ました。「私たちは、どれだけテロに攻撃されても、どれだけ犠牲者がでても、またこのスタジアムに来てサッカーを観戦し、同じようにレストランでワインを飲み、同じようにコンサートにいきます。それがテロに負けない、ということなのです」と。

こうした一種のガンジー主義を実践することはたいへんなことです。しかし「対話」も不可能、「戦争」もしない、となればこれしかありません。もしも、「われわれ」が悲しげなまなざしを向けながら、多くの犠牲を堪え忍び、淡々とガンジー主義を実践できれば、われわれは自由・民主主義などという「普遍的」価値よりも、はるかに重要で崇高な価値を世界に示すことになるでしょう。

第七章　少数賢者の「民本主義」と愚民の「デモクラシー」

「人間可謬説」から出てくる三つの案件

２０１５年は安保法制にかかわる憲法論議や国会前のデモのおかげで、時ならぬ「民主主義」ブームになりました。２０１６年は憲法公布70年であり、また、7月の参議院議員選挙でも多少憲法改正が論議されていました。しかも、この参院選からは有権者の年齢が18歳に引き下げられました。

確かに「民主主義」はひとつのテーマなのです。

第五章にも書きましたが、実は「民主主義」とは決してわかりやすいものではありません。「デモクラシー」を「民主主義」と訳すこと自体がすでにあるバイアスを示している。私はあくまで「民主政」というべきだと思いますが、ここでは敢えて「民主主義」としておきましょう。

しかしこの「主義」に過度な思想的な価値を付与し、政治の理想を投影し、さらに政治運動の旗に掲げるとなるといささか抵抗があります。そこに欺瞞と偽善を感じてしまうのです。

もちろん、国会前で笛や太鼓をたたいて、ラップに合わせて「ケンポウ、マモレ」とやっている人たちを否定する気も批判する気もまったくありません。昔は「シュプレヒコール」に続けて「ニッテイ（日本帝国主義）、ハンタイ」「サトウをダトウせよ」などとやっていたわけで、シュプレヒコール民主主義もラップ民主主義も、いずれにせよ、デモンストレーションはデモクラシーの一部です。どの時代にも生じることです。しかし、国会前のデモンストレーション（示威行動）こそが真の民主主義で、国会内は民主主義の破壊である、などという暴論がでてきて、それなりの大メディアなども同様のことをいうとなると、たまりません。しかも、当の国会議員のなかからも、こういうことをいう人がでてきたりするのです。

むろん、国会内での決定はすべて清く正しいなどという珍説を吐露しようというわけではありません。別に国会至上主義ではありません。実は国会中継などもほとんど見たこともないので、そもそも良いも悪いもいう資格はないのです。どちらも限界はあるでしょう。どちらが正しいかはわからないのです。

これは大事なことで、実は、ここにこそデモクラシーの重要な意義があるのです。つまり、人間は判断を誤るかもしれない。いや、かなり大なる可能性をもって誤りうる、という「人間可謬説」から出発する、ということです。

そこから三つの事柄がでてきます。第一に、重要な事柄について、あまりに性急な判断をし、急激な変化を求めない。とはいえ、現実はたえず変化しますから、変革は漸進的に行う。第二に、できるだけ事情に通じた判断能力の高い（と想定される）人々の討議と決定に委ねる。第三に、人間の決定が常に誤りうるがゆえに、その決定は正当な手続きにしたがって行われねばならない。そして、決定が誤ったものだと判断されれば、ふたたび正当な手続きをへて変更される。

こうした三つの要件を完全に満たすような政治制度などありません。まだしもましなものが、今日では議会制民主主義とされているのです。端的にいえば、まあ「議会主義」が比較的ましであろう、ということです。

実は、「議会主義」と「民主主義」の関係はそれほど単純ではない。「議会主義」を、議会の信任によって内閣を構成し（議院内閣制）、議会の討議による物事の決定だとすれば、議会構成員をどのように選ぶかが問題となる。それを選挙で選ぶのが議会制民主主義というわけです。これは意思決定のルールなのです。

しかし、今日、わが国で「民主主義」と呼ばれるものはといえば、「国民の意思」が政治に反映されるべしという「国民主権」主義なのです。これは「議会主義」とはまったく違います。一応のところ、議会主義を「間接民主主義」といい、国民意思の反映を「直接民主主義」といってもよいのですが、そういった時には、すでに、「直接民主主義」の方が本来の姿で、「間接民主主義」はやむをえない便法だという意味あいを含んでいる。

しかし、この両者は、本質的か便宜的かといったことではなく、その背後にある考え方が違っているのです。議会主義もしくは代表制民主主義は、何ものにも媒介されることなく「国民の意思」を政治的決定に直結することにある危うさをみるのです。直接民主主義をあえて回避しようとしている。「国民の意思」なるものが直接に政治を動かすことに対する警戒感があるのです。

どうしてか。理由は簡単で、「国民の意思」などという確かで一枚岩的なものはどこにも存在しないからです。「国民の意思」といわれるものは、多様な利害や多様な考えや多様な思いの複合であり集積でしかありません。立場や職業や性格によって人は異なった意見をもっている。だから、そもそも「国民の意思の反映」とか、「国民の意思を実現せよ」などという言い方には何の意味もありません。現実には、ただ対立する意見があり、対立する利益があるだけです。それだからこそ、議会でその対立する意見をぶつけて自由に議論する必要がある。

それゆえ、自由討論や言論の自由は何よりも議会主義の前提になっているのです。自由な議論、公開の議論は、「民主主義」というより「議会主義」にこそ不可欠です。「民主主義（デモクラシー）」は、今日のような大規模な政治の場では、多くの場合、シュプレヒコールやラップなどの「デモンストレーション」へと傾くからです。

デモは毒にもクスリにもならない

確かに、議会で延々と議論ばかり続けているわけにはいかない。どこかで決定しなければならない。当然、反対意見もある。そしてそれも含めて合意したことにする。ここに「国民の意思」なるものが仮構されるのです。だから「国民の意思」なるものがあらかじめあるのではなく、それは決定の後ででてくるのです。議会である事項が決定された後に、それを「国民の意思」の名で正当化する。多様なものを集約して一定の結論に向けて決定し、その決定されたものを「国民の意思」というだけのことです。

もちろん、その決定に対して多くの人が不満を持つことはありえるでしょう。だから、政府批判や政策批判はまったく自由どころか実に健全なことです。しかし、だからといって議会で決定されたものが「国民の意思」に反するとはいえない。「国民の意思」などという確かな実体はどこにもないからです。

それでも、議会の決定に不服な者は、「議会は国民の意思を無視した」というでしょう。正しいのは自分の方で議会は間違っている、というでしょう。そして、全員一致などということがありえない限り、必ず、議会の意思決定に不満を持つ者はでてくる。つまり、議会制民主主義は、ほぼ必然的に不満分子を生み出します。そして、彼らは自分たちこそが「国民の意思」を代表するという。議会は常に「国民の意思」を蹂躙するということになる。そこで、この不満分子の鬱積を養分に、世の中にとぐろを巻いているあれこれの不満を膨張させて、議会主義に対して攻撃を加える者がでてくる。彼は、さしあたりは、議会の外にあって、街頭で活動しデモンストレーションを組織する。そして、議会が一部の既得権益者によって牛耳られており、国民の意思から離れている、と宣伝して人々の喝采を得ようとするでしょう。

典型的なデマゴーグの登場です。このデマゴーグがヒトラーのような独裁者になるか否かは状況次第でしょう。しかし、ここに民主主義が独裁を生み出す土壌はできているのです。シュプレヒコールやラップに合わせて「ヘイワを守れ」といったり、「ミンシュシュギを守れ」といったりしている分には、まだ本格的なデマゴーグの登場までかなり距離がある。しかし、逆にいえば、この国会前デモはいわば何のリアリティにも裏打ちされていない、つまりは毒にもクスリにもなっていないということです。それは結構なことなのか、恥ずべきことなのか。いずれにせよ、すでに十分に民主主義（議会主義）の国であるこの日本で「ミンシュシュギを守れ」といっても、また、すでに稀なほどに平和な国で「ヘイワを守れ」といっても何の真実味も存在しないのは致し方ありません。

しかし、１９２０年代から30年代にかけてのドイツはそうではなかった。ヴェルサイユ体制の過酷な賠償金で疲弊し尊厳を失ったドイツ国民にとっては、議会に対する失望は本当に大きかった。それに対して街頭で人々に直接語りかけるヒトラーと、それこそデモンストレーションを繰り返すナチスの方がはるかに「国民の意思」を汲んでいるように見えたのです。

いずれにせよ、ここに「民主主義」の孕むきわめて大事な点があります。つまり、「民主主義」を国民の意思の実現と解した時、議会制民主主義は、必ずこの意思決定に対する不満分子を生み出す。そして彼は、議会は国民の意思を実現できないと考える。それが一定の数を集めそれなりに切迫感をもつ時、直接民主主義的なものが議会主義を圧倒し、そこから独裁者が出現する、ということなのです。「民主主義の自己崩壊」といってもよいでしょう。

どうしてこういうことになるのか。それは、民主主義の根底にあったはずの「人間の可謬性」を忘れているからです。

街頭にあって、自分たちこそが民主主義者であり、自分たちこそが正しい、といっている者も、また、議会によって正当に決定されたのだからすべての決定は正しい、という者もともに正しくはありません。民主主義にせよ、議会主義にせよ、可謬性の前提にたっていることを忘れてはならないのです。民主主義が正しいなどという理由はどこにもありません。繰り返し述べますが「国民の意思」が正しいなどという理屈はどこにもない。同様にまた、手続きを踏んだ議会の決定であるから正しい、という理由もありません。暫定的に正当だというだけなのです。議会での決定が間違っていたかもしれない、という自己省察を放棄してはならないのです。

民主主義であれ議会主義であれ、多様な意思と利害を前提とした意思決定に必要なものはある種の謙虚さと自己批判能力なのです。しかし、現実にはそれを発揮することはたいへんに難しい。そして、その謙虚さを放棄した時、議会主義の正義と民主主義（国民の意思）の正義が衝突する。もしも、「国民の意思」を唱える民主主義が大衆の不満を取り込むことができれば、議会は「国民の意思」を代弁する独裁者に占拠されることになる。

デモクラシーは常にこういう危険を孕んでいる。「民主主義こそが正義だ」といってしまったとたんに、この危険に盲目になってしまう。そして民主主義がやっかいなのは、元をただせば、あたかも「国民の意思」などというものがあるかのように、仮構を現実と取り違え、しかもそれこそが民主主義だとみなしてしまうからでした。つまり、民主主義を「国民主権」と見なしているからなのです。

「民主主義とは国民主権である」といわれれば、こんな根本命題などいまさら疑う余地もないではないか、と多くの人は思われるでしょう。

しかし、「国民主権」とは何か。これも実はかなりやっかいな問題です。実際、私には、今日、政治学者でさえも「国民主権とは何か」と問われて即答できる人がそれほどいるとは思われないのです。そのことを次に考えてみましょう。

「民主主義」という語を避けた吉野作造

ところで、2016年の参院選から投票年齢が18歳に引き下げられ、それをきっかけに「主権者教育」などといわれています。総務省あたりが積極的にいっているようです。新たに選挙権をもつ若い者に「主権者」としての自覚をもたせようというわけです。ついでに、投票所まででかけるという労力を節約したいという（それなりにもっともな）思いにとりつかれている者にも、「主権者」の自覚を植え付けようというのです。

誰が考え出したのか、まずもって「主権者教育」などという五文字にあきれてしまいます。「主権をもった者」とはいわばその国の最高位者であって、一体、誰が主権者を教育するというのでしょうか。そもそも「主権者」とは教育によって育つものなのでしょうか。

笑ってしまうのですが、実は笑っている場合ではないのです。教育でもしなければ「主権者」などという自覚も事実も存在しない、というなさけないのが現実なのです。「あんたが主役だ」といわれなければ、誰も自分が主役だなどと思っていない。しかし、誰もが「お前こそがこの社会の主役だ」といわれたところで、「えっ」となるだけのことです。「お前こそが日本国の主権者だ」といわれても「びっくりぽん」です。

しかし、それもいたし方ないところがあり、「国民主権」という言葉には根本的に無理があるのです。「主権」とは、その国の意思の究極の根拠であり、一国の最高権力なのです。といわれても誰ももちろんそんな権力はもっていない。実際にもっている権力は、投票所へふらふらと足を運ぶ程度のささやかなことです。誰もが個人としては何の権力ももたないことによって「主権者」になっているという何とも奇妙な状態なのです。いうまでもなく「国民主権」などというものは仮構であり、しかし、民主主義とはこの仮構によって成立する政治体制だ、ということになる。果たしてそんな事情を「主権者」に向けて教育して効果があるのでしょうか。

さて、いまからちょうど100年前、1916年の年頭、雑誌「中央公論」1月号に吉野作造による「憲政の本義を説いて其《その》有終の美を済《な》すの途《みち》を論ず」という論文が発表されました。吉野作造といえば、大正デモクラシーの理論的な立役者であり、まさに日本のデモクラシーの思想的な草分けということになります。この論文は、その宣言のようなものとして重視されるものなのです。

かなり長いもので、内容の密度も高く、当時の雑誌の水準の高さを思わせますが、これなどまさに「主権者教育」のために書かれたものでした。まともな「憲政」は、国民一般の智徳の水準によるので、国民の智徳の成育、特に教養を高めることが肝要だというわけで、この論文も国民の立憲思想の養成という目的に資するものだ、という。

よく知られているように、吉野は「民本主義」という言葉を使っています。「民主主義」と「民本主義」は違う、というのです。

当時は、日本は天皇制国家であり、主権は天皇にあった。だから、「民主主義」という言葉を避けたい吉野はあえて「民本主義」と呼んだ、としばしばいわれる。天皇主権を考慮したやむをえない方策だったというわけです。今日の解釈の大勢はそういうことになっている。

確かにその解釈も可能でしょう。しかし、これもそれほど簡単ではありません。その解釈では見落とされてしまう大事なことが実はここにはあるのです。

吉野は、当時の日本が天皇制国家であるがゆえに、やむをえず「民本主義」なる語で妥協したなどというものではありません。意図して「民主主義」から区別しているのです。たとえば彼は次のようにいう。デモクラシーを訳するに、従来は「民主主義」としてきたが、それでは「国家の主権は人民にあり」という危険な思想と混同される。「民本主義」はそうではない。人民が主権者だという点が重要なのではなく、人民一般を政治の主動者とする点が大事なのだ、という。

主動者というのは聞きなれない言葉ですが、要するに、政治とは、人民のために発動される行為だということです。だから、デモクラシーには二つの意味がある。ひとつは「民主主義」で、これは「主権は人民にあり」という思想であり、もうひとつは、主権がどこにあろうとその主権の活動の目的は人民にあるべし、という立場だ、というのです。

きわめて適切で妥当な見解ではないでしょうか。形式上の主権が王や君主にあろうと、その主権の行使はあくまで人民一般の利益や意向に沿うものでなければならない。人民の利益や意向を第一義においた政治を民本主義と呼ぶ、というわけです。

そうしないと、たとえば、イギリスなどはまったくデモクラシーではなくなってしまう。イギリスは今日でも「国民主権」ではありません。つまり「民主主義」ではないのです。しかし、吉野に従えば「民本主義」という意味ではデモクラシーということになる。同様に、日本の場合、主権者は天皇であるが、そのことと政治の目的が「国民のため」という基本構造は決して矛盾するものではない、ということになる。日本も民主主義ではないけれど、民本主義ではあるし、国民の智徳の向上によって、りっぱな「デモクラシー」になる、というわけです。

では、どうして吉野は「国民主権」という意味での「民主主義」の語を避けたのか。この場合、語を避けるということは、その語があらわす観念を忌避したということです。どうしてか。

そこで吉野は次のようなことをいっています。

デモクラシーに対する批判として次のようなことがいわれる。つまり、人民一般は愚かなものなので、そもそも何が自分の本当の利益かもわかっていない。これを熟知するものは少数者なのだから、政治は少数者に任せればよい、という批判がある。しかし、自分はこの批判はとらない。そもそも民本主義はそれほど高度な知見を人民に要求するものではない。そうではなく、人民は、現代の代議政治のもとでは、誰に国の大事を託せば良いかを判断すればよい。そしてその程度には、今日の人民の智徳の水準は高まっている、というのです。

確かに吉野は、当時の日本の藩閥政府の少数エリートによる密室政治を批判しています。しかし同時に、実際の政治を主導するのはあくまで「少数の賢者」でなければならない、ともいうのです。民本主義において少数賢者は不必要だなどというのはまったくの誤解である。彼らは自ら謙虚になって多数派の精神的指導者にならなければならない。デモクラシーは基本的には大衆という多数派の支配の政治なのですが、それがうまくゆくためには、少数の賢者がこの多数派を指導していかねばならない、というわけです。「多数の意嚮が国家を支配するのであるけれども、之を精神的に見れば、少数の賢者が国を指導するのである」という。

さらに次のようなことも述べています。

民本主義は一般人民の意向を重んじるというけれども、そもそも「民意」などというものは実在するものではない、という批判がある。この批判は、衆愚は少数の野心家の煽動にのるものだから、民意をもって政策の基準にすることは間違っている、という。

これには確かに一理ある。「民意」というものがあるかないかは大問題だ。個々の具体的な事象についての人民多数の民意などというものはあまりに雑然としており、日々刻々と動揺するものである。しかし、この動揺にも中心があって、左右にふれながらも、何かある中心点に向かって動いているものである。そういう「見えざる意思の主体」を認識することのできる者が少数賢者ではないのか。それが、「社会万般の事象を洞察達観するもの」なのである。彼は、「動揺の陰に不動の中心あることを認識する」というわけです。

少数賢者と「品の悪い権力闘争」

今日、しばしば使われるいい方を借りれば、その時々の状況や情緒で動揺する「世論」ではなく、その分散や変動を取り去った不動の中心としての「輿論」なのです。「マス・センティメント」ではなく「パブリック・オピニオン」だ、ということです。新聞調査などで無作為に選ばれた即興のイエスかノーかを集計した「世論」ではなく、目にはみえない、統計数字にはでてこない経験や思慮を通じた「輿論」として「民意」を理解する、ということなのです。

これが少数賢者に課された役割です。彼らは、社会の日々の変動や情緒が渦巻くこの時間と空間を相対化し、過去や未来という長い時間のうちに現在をおき、世界という広い視野にたち、ある程度、状況から身を引き離して眺めることのできる時間と能力をもった者です。その立場から人民が本当は何を求めているかを解釈する位置にいるのです。ここに真の「民意」がある。だから少数賢者は、多数派の精神的な指導者として「世論」を「輿論」に変えてゆく役割を果たすのです。

かくて吉野は、一方では、民本主義を極端まで徹底すればそれは民主主義になる、といいつつも、それを極端化することの危険にこそ留意すべきだというのです。そこでいくつかの欠陥を指摘し、改善すべき点を論じながらも、実際上は、代議政治にゆだねる他ない、ということになるでしょう。

それからちょうど100年たちました。われわれは、吉野の危惧にもかかわらず、民本主義の極端形としての民主主義、つまり「国民主権」を至極当然のものとしているのです。もしも、吉野の精神に即していうならば、「国民主権」「国民の意思」つまり「民意」が、その時々の状況に振り回され、情緒や宣伝によって一時的に興隆したかのような「世論」ではなく、その背後にある健全な常識や経験や判断力に基づいた「輿論」として表明されるものであれば、「国民主権」には意味がある。それは一人ひとりの意思や利益とは直接には何の関係もないものなのです。

しかし、実際に、「世論」と「輿論」を区別し、見極めることはたいへんに難しいことでしょう。現実には容易に区別できません。そして政治はその時々の「世論」で動きます。だが「世論」が正しいという保証はもちろんどこにもありません。政治の世界で「正しい」などということが場違いだとしても、「適切」だという理由もありません。ある熱狂がさめてしまって、平熱の政治に戻ったとき、結果としてある決定が「適切」だったかどうかがようやくわかるのです。「輿論」は、あくまで事後的にしか顕現しません。「国民が求めていたもの」は、実際には事後的にしかわからないのです。しかし、吉野の示唆するところによると、多少は、その種の判断力をもった少数者はいなくもない。その少数者を見極めるのが大衆であるはずだ、というのです。また、その信頼できる少数者の意見に耳をすませるのが大衆だということになる。

ところが、「国民主権」とは、その大衆をして、自分こそが判断能力をもっている、といわしめるのです。そういう権利を大衆に与えたのです。自分の意思こそが政治を動かし、政治の場で取り上げられるべきだ、と彼は正当な権利をもっていう。そして政治的決定が自分の意思と食い違った時には、議会であれなんであれ、間違っているのはその決定を下した者たちだ、という。こうして「国民主権」をたてに、ということは仮構の「国民」を人質に、自らの側が「正しい」という。

繰り返しますが、実際には何が正しいのかは、容易にはわかりません。集団的自衛権の容認が正しいのか、それとも護憲なのか、あるいは、構造改革が正しいのか、それとも守旧派なのか、TPP締結は正しいのか、それとも反TPPなのか、本当のところはわかりません。相当時間がたって、その「適切性」が判断できるだけです。だから、意思決定は常に暫定的なのです。われわれはこの宙づり状態に耐えるほかありません。デモクラシーとはこの「可謬性」を想定した宙づりに他ならないのです。

ところが、「主権」の観念は、この「可謬性」に対して破壊的な意味をもつのです。「主権」とはオールマイティなのです。謙虚さと暫定性と他者の異論に耳を澄ますというデモクラシーを成立させる前提を「主権」は破壊しかねないのです。「国民の意思」がすべての決定権をもってしまうのです。そして、「国民の意思」とは何かといえば、そんなものは実体としてはどこにもない。ただ「世論」なるものがその代理になっているだけです。

日本で大正デモクラシーが流行病のようになっているころ、アメリカではウォルター・リップマンが『世論』という本を出版しました（1922年）。リップマンは、政治を動かす「世論」というものの、頼りなさ、いかがわしさ、そしてその背後にある共同の偏見のようなものを描き出しました。「世論」は、世界についての客観的な見かたを反映したものではない。それどころか、それは、世界をある部分で都合よく切り取って「ステレオタイプ」と呼ばれる、分かりやすい、そしてなじみやすいイメージに仕立てて人々の心を侵食したものに過ぎない、というのです。ところが、その「世論」が、国民主権の実行部隊の司令部に居座ってしまったのです。このステレオタイプ的で情緒的なイメージに頭を占拠された人々が「主権者」としての権利を声高に叫ぶのが今日のデモクラシーになってしまいました。

本来は、デモクラシーを支えるはずの、自己省察、他者への配慮、すべては暫定的な決定だという謙虚さ、声を荒げない討議。こうしたものを「国民主権」のデモクラシー自身が破壊してしまった。というより、デモクラシーとは、本質的に、他者を貶め、自己主張を繰り返し、自己の権利を大声で叫ぶ、体《てい》のいい、しかし「品の悪い権力闘争」だと理解すべきなのかもしれません。そうだとすれば、デモクラシーに過大な期待を寄せるほうが無理というものではないでしょうか。

第八章　民主主義政治に抗える「文学」

福田恆存「一匹と九十九匹と」を読む

戦後を代表する劇作家であり評論家であった福田恆存《つねあり》に「一匹と九十九匹と」と題する作品があります。よく知られたものですが、これを理解するのはそれほど容易なことではありません。書かれたのは戦争終結からしばらくした昭和21（1946）年で、そうした混沌とした時代背景のなかでの強い緊張感もあったのかもしれません。しかし、時代背景はともかく、ここで福田が述べようとしたことは「政治」と「文学」を理解する上ではきわめて大事なことであり、今日これを読んでも決して色あせることはありません。

「一匹と九十九匹と」は、いうまでもなく新約聖書のルカ伝から採られたもので、百匹の羊を持つものは、そのうちの一匹が見当たらなければ、九十九匹を野に置いておいても一匹を探さねばならないというイエス・キリストの言葉からきています。聖書では、これは、もとよりりっぱな九十九匹よりも、道に迷い罪を犯し、そのあげくに改悛して戻ってきた一匹の方が大事だ、というような話です。イエスの目はただひたすら道に迷った一匹の上に注がれている。

このルカ伝の話を福田は、彼流に解釈して、「政治」と「文学」の関係に置き換えた。「政治」とは、一匹を救い得ないという限界の上に立って九十九匹を救うものである。では政治によっては救われない一匹を救いうるものは何か。それは「文学」だ、というのです。その意味で、「文学」は徹底的に「政治」に対立する。いや対立しなければならないのです。

しかし、この「文学は政治と徹底的に対立する」ということは、実はたいへんに難しいことです。この意味を誤解するととんでもない馬鹿げた話にもなりかねない。

たとえば、政治が九十九匹の多数につくのなら、文学は、それによって抑圧される一匹という少数につくという理屈から、少数派の権利を守れなどという「政治的」言説を引きだしてくるのです。文学者は、もしくは広くいって知識人は少数派の権利を守り、代弁するべきだ、というあまり根拠もない思い込みがある。それが昂じて「民主主義とは少数派の意見を聞くものだ」などといったり、さらには「憲法と平和を守れ」の大合唱に加わるノーベル賞級の大小説家まででてきます。これはすでに立派に「政治」なのです。もともとは自分の身辺に関わるちょっとした話を述べる「小説家」が、政治という舞台で大声で自説を主張するという「大説家」に変身するというわけです。

ところが、政治に関わる「大説」の方は、決して決着はつきません。2015年の集団的自衛権論議にせよ、憲法改正の是非をめぐる論争にせよ、日本の防衛をめぐる論議にせよ、容易には決着はつきません。誰が見ても論理明快な正解などというものはないからです。だから双方が、ただただ相手を批判して自説を唱えるほかない。すると、どうしても声が大きくなる。世論もまた大声を発したほうへなびく。九十九匹などというあつかましいことはいわずとも、五十一匹を味方につければよい。人類の普遍宗教を説いたキリスト教は最後の一匹まで救わなければならなかったのでしょうが、民主政治とは便利なもので、五十一匹を救ってやるといえば、それでよいのです。「民主主義を守れ」とはそういうことなのです。五十一匹をめぐる数の争奪戦への参戦なのです。

いうまでもなく、人間とは矛盾に満ちた存在であり、人間が作り出すこの社会も矛盾に満ちており、物事に簡単な正解などというものはありません。昔、夏目漱石がある講演のなかで面白いことをいっていました。オイケンというドイツの哲学者が次のようなことをいう。近頃の人は自由が大事だ開放が大事だ、という。他方で秩序や規律というものを要求している。しかしこの二つは矛盾、対立するのだから、両方を求めるのは無理だ。どちらかにしなければならない。こうオイケンはいう。

だけれども、こんな話は、ものごとをすべて合理主義で片付けようとする学者の蒙昧に過ぎない。われわれの日常を見れば、一方で自由を求めるときもあれば、他方で規律や秩序を欲しているときもある。こうした矛盾を常に抱えているではないか、と漱石はいうのです。

会社へ行けばそれなりの規律があって、今日は少し早く切り上げて寄席に行こうとか、出かけに酒を飲もうというわけにはいかない。と同時に、会社が終わってまで自由を拘束されるいわれはない、というわけです。

つまり、人間は、自由も秩序も両方とも求めるもので、日常生活のなかでなんとかそれを調整している。この矛盾する両者をそのまま認めるのが本来の姿勢であって、これは矛盾だからどちらかに決めねばならない、などという学者の方が、人間性に矛盾しているわけです。

ところが、こういう話を政治に持ち込むとどうなるのか。ある人は、秩序が乱れている。もっと社会的規律を立てなおすべきだ、という。また、ある人は、どうも窮屈で困る、自由が大事だという。そこで政治はそれをどちらかに決めなければならない。もしも、すべてを「自由」でやるのも、また「規律」で押さえ込むのも無理だとすれば、「自由」が許される時間と、「規律」を守る時間をそれぞれ区別して一日に配置してゆかねばなりません。つまり、一日を何らかの形で「管理」しなければなりません。こうして、現代では「自由」も管理されてゆきます。これが「政治」なのです。「私」の自由な時間というものも、「政治」によって管理されることになるのです。

しかし、会社での規律の時間と自分の時間の選択といった程度ではいずれたいしたことではありません。先ほどの、憲法改正の是非、日米同盟の行方、対テロ戦争への関与。こうしたきわめて重要な問題には明確な答えなどないのです。やがて歴史が正解を明かすであろう、などといってもしかたありません。

いまここで歴史は口をきいてくれません。民主的討議など何時間やっても結論はでません。ましてや、「民主主義は話し合いだ」などと今時の小学生でもいわないでしょう。

ここでは、政治は、ただただ決める以外にないのです。本当のことをいえば、それが九十九匹を救うなどという確信さえもどこにもない。ただただ五十一匹は説得できるだろう、という思いだけが、決断をもたらすのです。

知識人ほどインチキなものはない

だからもちろん、ここに不満が出てくる。「少数派」の四十九匹は、「おれたちは四十九匹もいるんだぞ。おれたちを無視するのか」といいだす。次には、四十九匹もいるのに「権力は少数派を抹殺するのか」という。さらに「これは民主主義ではない」といいだすのです。しかもその先頭に立つのが、小説家ならぬ「大説家」だったり、「大学者」だったり、要するに「知識人」なのです。そして彼らは、それこそが「反政治」だと思っている。言論は正しく、政治は悪だと思っている。政治とは権力にほかならない。政治という権力に抗するものは言論という正義だ、というのです。

福田がもっとも嫌ったのは、この種の知識人でした。権力の横暴に対して言論の正義を振りかざす。政治は本質的に権力に関わる悪だと見なした上で、自らを反政治的である、という何の根拠もない自尊に浸る。こうした精神の偽装を疑うこともできない知識人ほどインチキなものはない、と考えたのでした。

それならば、民主政治の手続きにしたがって、権力を権力として行使する政治家の方がはるかに健全なのです。少なくとも、正解などどこにもない問題に対して決断を下さなければならない政治家の方がはるかにたいへんな位置にあってその職務を果たしているのです。むろん、それが常に権力の横暴につながりかねない、という自覚を伴ったものでなければならないことは事実ですが。これはしかしマックス・ウェーバーのいうように、結局は政治家のエートス（職業的な倫理感）の問題であり、政治家という特異な職業人の人格の問題になります。政治家から権力を奪い取ることなどできません。

だがここでもっと大事なことは、知識人の方で、その反政治的なエートスなのです。たいていの知識人は、反政治的であることを誇りにしている。政治などに関与したくない、という。それは、政治とは権力の行使であり、少数者を抑圧するものだ、と考えているからであって、いいかえれば、知識人とは、少数派の側に立つべき存在だ、というわけです。そこに知識人の良心がある、という。

こういう傾向は、戦後日本のいわゆる進歩派知識人には圧倒的に強かった。いや、それこそが戦後日本の進歩派やリベラル派の一大特徴であり、それが日本の「戦後民主主義者」だったのです。そして、これほど奇妙な反政治主義はめったにないでしょう。反政治を掲げた政治。それが戦後日本の政治のど真ん中にいすわったのです。

戦後日本の政治とは何といっても民主主義だったからであり、民主政治とは、決着のつかない、もしくは正解のみえない課題に対して、いかにして自らの正当性を訴えて数を確保するかという競争にほかならないからです。

もちろん、政府の意思決定に反対する知識人がいることはまったく問題ないどころか、当たり前のことです。それが自らの言論を押しだすことも当然です。しかし、ここでいう進歩派知識人のもつある種のスタンス、あるいはプリコンセプション（思い込み）は、そういうものではありません。民主主義を反権力的なものとして持ち上げ、言論を政治と対立させるという傾向は、政治という観点からして不健全であるだけではなく、知識人としても不健康なのです。

たとえば、次のことを考えてみましょう。

われわれの横にはいつもこういう「りっぱな」人がいました。「やっぱり、平和は一番大事だよね、誰もが平和を願っている、だから平和主義は守らなければならない、これに反対する理由なんて何処にもないよね」と。あるいは、こういう「ちゃんとした」

人もいました。「物事は暴力ではなく、話し合いで解決しないとだめだ。だから民主主義は絶対に守らなければね」と。またこうもいう。「みな、それぞれ違った意見をもっているよね。だから他人のいうことにも耳をかたむけようね」と。こういう人は本当にりっぱな人です。なぜなら、これは、あまりに簡単で明快で間違いのない正解だからです。「自由と規律は矛盾するから、どちらかにしなければならない」というのと同様に正しいのです。だから、彼らは自らの言説が「正しく」、それを実現できない政治は「間違い」だというのです。

しかし、あれこれいうこともないでしょう。「現実」はそう簡単にはいかない。他国がある。いやでも戦わなければならないときもある。また、どうしても話し合いに応じないＩＳなどというものもある。その時にどうして民主的解決ができるのか。また、他人の意見を聞くといってもどうにも理不尽なことをいうものには「黙れ」というほかない。こうした矛盾が現実を取り巻き、その矛盾が現実を動かしているのです。

いや、ここにはもっと大事なことがあります。

それは、そもそも人間とは、どこまでいっても矛盾を含んだ存在であり、合理的どころか、自分自身でさえも、自分の心の奥底に何が潜んでいるのやら実はまったく分からないものだ、ということなのです。「平和は大事だ。平和を守らなければならない」という。しかし、人間の内にはどうしようもない暴力衝動、破壊衝動がある。坂口安吾ではないが、ふりそそぐ爆弾をみて美しいと思う心もある。自分の命は大事だと思うと同時に、ひとおもいにけりをつけてしまいたい、とも思う。ある異性を大事だと思うと同時に、徹底的に傷つけたいとも思うでしょう。三島由紀夫の『金閣寺』のように、崇高な美を一瞬で焼き尽くしたいという妙な欲望をもつこともある。「我々の心は、本来、神と悪魔との戦場である」と西田幾多郎は書いていますが、確かに、一方には「神」へと向かい、しかし、他方には「悪魔」へとたどり着く両極の間に宙ぶらりんになっているのが人間というものでしょう。

このぐらいのことは、少し自分の中を覗き込めばいくらでも推察のつくことで、特別にごたいそうなことでもないのですが、それでも「文学」とは、われわれの内にある「神と悪魔との戦場」に身を置くものではないのでしょうか。

生と死、平和と争い、一瞬と永遠、美と醜、建設と破壊、友情と敵愾、無私とエゴ、安楽と緊張、こうしたあい矛盾するものを誰もが抱えており、その一方だけを採るなどということは簡単にはできません。

その矛盾をなんとかやりくりするところに、その人の個性が生まれ、その人の独特の価値観や人生観ができてくるものでしょう。

「個」を抹殺する「民主主義の罠」

「個人」というもの、「個」というものは、こうした矛盾に引き裂かれ、それに悩み、この両義性をやむをえぬものとして承認しつつ、それに抗う、という果てしない経験のなかでしか形成されません。「文学」とは、本質的に、矛盾した両義性の現実に棹さし、その棹を手がかりに自らの心の底をのぞき見ようとする試みだと私には思われます。ここには常に現実と格闘する一人の人間の心がある。だからこそ、文学は「個」にこだわるのです。文学の置かれるべき場所は決して集団ではありません。それはあくまで「個」なのです。

それが今日では、何とか賞を受賞すれば、売り上げ部数何十万部とかと宣伝され、書店に山づみになって量販され、小説家は芸能人扱いになります。芸能人が小説家になることもありますが。ここでは小説家は一匹どころか九十九匹になっているのです。ここで文学は、黙した日向の一匹ではなく、多数として「社会の役」にたっている。「一億総活躍社会」に大いに貢献している。これでは本人も気の毒でしょう。もっとも、応募したところですでにこの九十九匹の舞台にのぼってはいるということなのでしょうが。

いずれにせよ、これは福田の言葉ではすでに政治なのです。文学ではない。文学的政治とでもいうべきものになっている。いや、文学者、その人、個人としての思惑や意図とはすでに別の次元に移ってしまっている。文学とは、徹底して「個」のものであるほかありません。「個である」とは、ただ、個人の私的な経験を描くということではありません。そうではなく、先ほどの、人間という存在のもつ矛盾に満ちた両義性という普遍的なるものを、あくまで個人的な経験や個人のつむぐ物語として描くことができるからです。いいかえれば、自己が語る物語を素材として「普遍的なもの」を示すことこそが文学の仕事でしょう。それは、決して、私的な経験や妄想の報告であったり、ほとんどひきこもり風の私小説ではない。

オイケンを批判して、われわれの日常の中では矛盾しないことのほうがおかしい、と述べていた漱石は、学者であることをやめて、小説家になっていました。漱石の小説は、ほんの些細な出来事や人間関係のズレなどの隙間にかいま見られるぞっとするような亀裂や矛盾、おぞましさを平凡な日常の中に描き出すものです。それは徹底的に「個」にこだわった経験です。しかし、かといって決して「私小説」でもなければ、社会が欠落しているわけでもありません。

だから、「神と悪魔との戦場」などといっても別にドストエフスキー的な観念小説こそが文学だなどといっているのではなく、日常のなかに亀裂をみせ、それが少しずつ増幅し、たとえばアガサ・クリスティのミステリーにあるように、平凡な日常のなかで蓄積された悪意が目にみえないままにいつのまにか殺意にいたるといったようなものなのです。

こうしたことこそが「政治」とは異なった別の次元を組み立てている。だから、「個」とは、決して社会性の欠落でもなければ、社会から身を引き離すことでもない。社会のなかでこそ、「個」というものの意識、つまり自己意識はでてくる。それを近代日本では、「個」と「社会」は衝突すると考えたのです。個性は社会に受け入れられない、それゆえ個性とは社会から身を引き離すことだと見なされたのでした。

しかし、そうではありません。「個性」は「社会」を前提とするのです。そもそも社会のなかにいなければ、個性も何もありません。ところが、ここでやっかいなのは民主政治というものであり、それは社会の上に政治をかぶせてしまうものなのです。現代社会の大きな特徴は、政治と社会がすっかり重なってしまった点にある。とりわけ民主主義はそういう状況を生み出してしまった。

だから、今日、われわれは個性といったときに、必要以上に、個性を政治主義的に理解したくなってしまいます。個性は、社会の平面での他人との差異として現われてくる。そして、民主主義はこうした差異に耐えられない。本来は、それぞれが「個」であるものを、それは横に並べて、平等や画一などという次元に置き換えて平均化する。個性というものを、差別や抑圧という論理に置き換えてしまう。平均値からずれたものが個性であり、それは少数派になる。こうして、個性的であることは、少数派や個人の権利の問題として政治化されてしまうのです。違いをうみだすものは、社会的な制度の問題であり、政治の怠慢であり、権利の迫害になる。民主政治がそれに格好の口実を与えるのです。

そこで「自分には個性がある、そのゆえに自分は社会に入れられない」という意識をもっているものは、まさしく民主主義の口実に騙されるでしょう。なぜなら、民主主義とは、個人を抑圧するものは悪しき政治権力であり、民主主義は個人をこそ大切にするものだ、とささやくからです。そして、この口実を唱えたとたんに、問題は五十一匹の確保になるのです。つまり、集団を作り、人間をただ数に還元するわけです。こうして「個」は抹殺されてゆく。「個性」は、権利や平等性の名のもとに政治的に管理されてゆくのです。

ここに「民主主義の罠」とでもいうべきものが待ち構えているのです。

抗えるのは内なる「文学」だけ

もちろん今日のすべての文学がそうだ、などといっているのではありません。しかし、まがりなりにも「文学」を口にするものが、「民主主義を守れ」だの「平和が大事だ」などとあまりに安直に口にするのでは、「文学」が泣くというものでしょう。むしろ逆に、「政治」に関わるものが、あまりに紋切り型の「民主主義」や「平和」や「人権」をさも絶対的正義であるかのように語るとき、文学者はこれに徹底的に反発すべきなのではないでしょうか。人間の中にある悪へ惹かれる何か、おぞましいものへの傾斜、そこまでいわないにしても、誰でもがもっている嫉妬や人を見下したいというささやかな欲望。こうしたものに目をむけ、それをひとつの現実として提示するのが文学だとすれば、それはむしろ「民主主義」や「平和主義」の欺瞞を訴えるべきなのではないでしょうか。

しかし、実は、今日の政治、とりわけ民主政治そのものが、ますます欺瞞的で偽善的となっているのです。「国民の意思」や「平和」や「人権」などという「きれいごと」ばかりいっていると、政治そのものが窒息させられてしまいます。こうして政治も文学も衰退してゆく。政治の混乱と文学の衰弱は軌を一にしているのです。

政治とはもともときわめて人間的な泥臭い作業であり、もっといえば、人間の全体性に関わる仕事です。エゴイズムと同時に人間のなかにある多少の公共心を恃み、必要な悪と結び（これもウェーバーがいっていることです）、時には嘘をつく必要もあり、大事なことを隠蔽することもある。なぜなら、全体性をもった人間とはそういうものだからです。

ところが、今日の政治は、その人間の全体性を見失ってしまった。失わせたのは、ひとつは「民主主義」や「平和」や「人権」や「個人の幸福」などを絶対的な正義に祭りあげたという偽善であり、もうひとつは、政策立案とその実行における「専門主義」なのです。

前者は、人間性のうちの光の部分しか見ようとせず、その多面性や影を切り捨ててしまった。後者は、人間の多様で多面的な生のうちのただ特定の側面しか見ようとせず、その全体性を破壊してしまったのです。

「専門家」とは、人間を、経済や金融（つまりはカネ）という一面で切り取ったり、あるいは人権や福祉（つまり社会生活）という面で切り取って画一化してしまうものなのです。そうすると、人は数字化される。統計化といってもよいでしょう。失業率はいくらであるとか、福祉給付を受けたものはいくらいるとか、貧困階層は人口の何パーセントであるとか、ある平面へと人はブルドーザーで引きのばされたかのように均質化され、この平面でただただ統計数字のなかの一人になる。こうした同質化された一人一人がたし算されて五十一匹を構成するというのが民主政治にほかならないのです。

政治家とは、本来、人間そのものに関わるはずだった。つまり、政治家は本当は文学者でもあるべきだったのです。もともと文学の領域であった、容易には口には出せない、あるいは社会の表面には出せない、しかし人間性に深く関わる「何か」についての直感的で的確な理解を求められるものであった。いってみれば、人生の酸いも甘いも知ったものでなければ務まらない仕事だったのです。

しかし、この巨大なマス・ソサイエティにあっては、確かに、すべてを均質化し、統計化し、五十一匹になるまでたし合わせるほかありません。ある意味では仕方のないことです。だが、それは「政治」の衰弱なのです。それを、今日の政治家は、合理的な専門的知識こそが政治に求められるなどと考える。民主党（現・民進党）の失敗とは、ただ準備不足だったというだけではなく、政治を、合理的な専門主義と欺瞞的なきれいごと（民主主義や平和主義や人権主義など）へと還元しようとした点にあったのです。自民党にもその傾向が見え隠れしますが。かくて学問的な知識をもった「知的専門家」ときれいごとを述べ立てる「進歩的知識人」が結託して今日の政治を混乱に陥れたのでした。

そして実はこちらの方がいっそう大事なことなのですが、これは同時に「文学」の衰弱でもあったのです。福田が、政治によっては救われない一匹を救うのは文学の役割だというとき、文学者は、徹底して政治と対決しなければならない。政治によって排除される一匹とは、罪人であり、社会からのはみ出しものであり、棄民であり、許されざるものであり、あるいはときにはテロリストです。政治や法や司法は、それらの罪人を決して許すことはない。これを処罰するのは彼らの仕事なのです。それを許すのはかつては宗教家であった。イエス・キリストはこれらの罪人こそを救わねばならないと願ったし、親鸞は悪人こそが救われる、といった。しかし今日、誰も彼らを救うことはできません。ただ、その存在のあり方を、その行為のありようを理解し、解釈するものがあるとすれば、それは文学（さらには思想や哲学）であるほかないでしょう。

私は、ことさら「文学」や「文学者」ということばを使ってきました。しかし、それは、何か具体的な「文学」や「文学者」のことではありません。それは、われわれ自身のことなのです。われわれ誰しもが、自身のうちに「文学」を抱えているはずなのです。だから、「一匹と九十九匹」といいましたが、これも、われわれ自身のなかに両方があるのです。誰もが心のうちに迷える罪人の「一匹」を囲っているのです。

ところが民主政治の恐ろしさは、誰もが心のうちに抱いている「一匹」を容易には認めようとしない点にあります。民主政治は、われわれに「市民」であることを要求し、「よき市民」たることを求める。ちゃんと投票所へ足を運ぶことを求め、世界の出来事に関心をもつことを要求し、民主主義の重要性を心に刻み、社会の役にたつことを求めてくる。

「よき市民」であり「公民」であるためには、心の奥底にある「一匹」など檻に入れて囲い込んでしまわねばなりません。そうしなければ、本当に自分が檻に入れられてしまいます。

今日、政治というものがますますわれわれの生活や関心を被いつつある。民主政とはそういうものなのです。なぜなら、我々自身が主権者なのですから、われわれ自身が常に政治に関心をもち、政治に参加し続けなければならないからです。社会の役に立たねばならないのです。そして、われわれもまた、生活のなかで何か問題が生じれば、すべて政治（司法や警察も含めて）に持ち込むのです。

民主主義は、われわれを政治へと強制する。これに抗することができるのは、さしあたりわれわれの内なる「文学」だけなのですが、それには、それなりの覚悟と感性と経験が要求されるでしょう。しかしそれを復権させなければ、われわれはますますきれいごとと専門主義に蝕まれた政治に囲い込まれ、民主政治という窮屈な見えない「鉄の檻」に囚えられてゆくでしょう。

第九章　エマニュエル・トッドは何を炙り出したのか

『シャルリとは誰か？』の要点

２０１６年１月にフランスの著名な知識人であり歴史人口学者であるエマニュエル・トッドが来日しました。『シャルリとは誰か？』という新著の翻訳を契機に宣伝をかねたものでしょう。

ただ、この本がフランスで出版されたのは２０１５年の５月ですから、新刊というわけでもありません。この書物は２０１５年１月にパリで起きた風刺週刊新聞社である「シャルリ・エブド」へのイスラム過激派の襲撃という出来事をきっかけに書かれたもので、必ずしも２０１５年11月のパリ無差別テロを分析したものではありません。しかし、来日とともになされた新聞インタビューなどをみても基本的な考えは変わらないようです。

いや、事態はいっそう深刻化していることは間違いありません。パリ同時多発テロはその規模の大きさ、事態の深刻さによって、テロに内包されたニヒリズムをいっそう際立たせ、フランス人の、国をあげての団結を最高度のレベルまで引き上げました。しかしこの1年間に進行した事態の本質は同じなのです。それは何かといえば、フランスの自由や民主主義の欺瞞と衰退がますます顕在化してきた、ということなのです。ということは、西欧が生み出し、高々と掲げてきた近代的な価値が崩壊しつつある、ということです。

トッドという人は、以前から今日のアメリカ主導の新自由主義的なグローバリズムを強く批判し、同時にアメリカの帝国的振る舞いの衰退を唱え、それぞれの国家の共同体的な価値を重視したゆるやかな国民統合を説いてきた人で、私自身がこれまで書いてきたものとかなり重なるところがあり、常にある共感をもっていました。

そこで、この本です。なるほどと納得するところはかなりあると共に、どうしても違和感が残ってしまうところもある。いや、正確には、トッドの議論への違和感というより、立場の違いです。彼があくまで西欧を前提にして、その立場で書くのは当然のことで、そのことがある違和感をもたらすのです。イスラム過激派との衝突というのっぴきならない事態に直面して、あくまで西欧の価値を守る、というのは当然でしょう。そうなると「われわれ」日本人の置かれた位置とはまた異なってくるのです。

ついでにいえば、２０１５年のピケティ現象もそうですが、とかくわれわれは、海外の知識人を呼んできては納得し、いつのまにか舶来の「ありがたい話」に手を合わせてそれでおしまいという傾向が強い。そのうち自分の頭を使うことをやめて分かったつもりになるという簡便さのうまみをおぼえ、それから出られません。1年前はネコも杓子もピケティだったのが、もう誰も口にするものもいません。

それはともかく、この書物の「ありがたさ」は、西欧の自由や民主主義という価値の複雑さを改めて教えてくれるところにある。すぐ後に述べますが、確かに、フランスひとつとっても、自由や民主主義が一筋縄ではいかないことはわれわれにはよくわからないことではあるのです。

われわれは簡単に、西欧近代社会は、政治と宗教を分離し、さらに脱宗教化をすすめ、世俗的次元で個人の自由に基づく民主的政治体制を生み出したなどと了解している。しかし、事態はそんなにシンプルではありません。実はそこにかなり複雑で屈折した事情が潜んでいることを、シャルリの襲撃と今回のパリ同時多発テロは暗示しているのです。

この『シャルリとは誰か？』という本は、結構、複雑なもので、要約するのは難しいのですが、あえて簡略化してその要点をまずは述べておきましょう。

2015年1月7日の、イスラム過激派青年による風刺専門の週刊新聞社「シャルリ・エブド」の襲撃は、フランス人に大きな衝撃を与えました。それは、フランスのもっとも基本的な価値である表現の自由への挑戦と見なされたからです。10日と11日にはあわせて150万人とも200万人ともいわれる人々が「表現の自由を守れ」という大規模なデモを起こしました。日本の国会前デモどころではありません。「私はシャルリ」という合言葉が飛び交い、それは国境を越えてヨーロッパやアメリカでも唱和されました。

いうまでもなくことの発端はこの風刺専門の新聞がムハンマドの風刺画を掲載したからです。もしも異文化や異宗教に対する敬意を多少なりとも持ち合わせておれば、わざわざ風刺画は掲載しないでしょう。それが健全な常識というものです。しかし、シャルリ・エブドは掲載した。しかもそのことを「表現の自由」の名目でフランス国民の大多数が支持するという様相になったのです。

ところが、トッドは、デモの参加者を見てみると、明らかにひとつの傾向が見て取れるという。それは、このデモを主導したのは、地域でいえばフランス周辺部のカトリックの影響の強い地域であり、特にその中間層だというのです。

フランスというと、まずはあのフランス革命によっていち早く自由や平等や人権を確立した国というイメージがあります。と同時にまたカトリックの国というイメージもある。実際、フランス人の精神の骨格を取り出せばこの二つの価値から成っているといってよいでしょう。もちろんカトリシズムは近代社会では分が悪いでしょう。フランス革命時には、カトリシズムは崩壊していった。ただしそれはあくまでパリを中心とするフランス中央部や地中海沿岸地方でした。そのあたりは、世俗的な平等主義のイデオロギーに支配されることになるのです。

ところが、他のフランスの周辺地方ではカトリックの影響は決して容易には消滅しなかった。少なくとも1960年代あたりまではその影響は強かった。言い換えると60年代あたりになってカトリック信仰の崩壊の危機がやってくるのです。

では、この違いをもたらしたものは何か。これは以前からのトッドの持論ですが、人間の行動や思想を深い次元で規定しているものは、彼が「人類学的基底」と呼ぶいわば潜在的な構造で、それは家族のありかたに端的に示されているのです。財産相続や親子・兄弟関係をみると、自由主義的な価値観と平等主義的な価値観をもつ類型が対比され、また、権威主義的で階層主義的な価値観が取り出される。これらがおおよそヨーロッパの国や地域にわたって分散し複雑な分布を見せており、しかもこの「基底」が、その地域の宗教やイデオロギーに強い影響を与えている。たとえば、イギリスは自由主義的な価値観が優位に立つのに対して、フランスは平等主義的価値観が優位にたつ、という。

しかも、そのフランスの内部も決して一枚岩ではなく、実は、平等主義的な価値の優勢な中央部と、権威主義的で階層主義的な価値を保持する周辺部が対比されるのです。つまり、フランス革命の頃に脱カトリック化して平等主義の価値を奉じるフランス中央域と、近年までカトリックの力が強く権威主義的メンタリティをもつフランス周辺部がある。人口でいえば前者がおおよそ三分の二、後者が三分の一といったところです。

そして、シャルリ擁護デモは、前者の世俗主義、平等主義ではなく、カトリック的で権威主義的な後者の地域で激しかった、というのです。つまり、「表現の自由」をことさら唱え、「共和国の精神」を特に強調したのは、カトリックの影響が強く、権威主義的なメンタリティが優位した地域だった。さらにいえば、彼らの主役は中間層から上層にかけてであって、決して労働者階級ではなかったのです。

「ゾンビ・カトリシズム」とは何か

フランスは「ライシテ」と呼ばれる政教分離の原則を高々と掲げています。世俗の公的生活領域にはいっさい宗教色を持ち込んではならない、というきわめて強固な原則です。この政教分離こそはフランス革命が切り開いた共和国精神そのものだという。公的領域においては、人々は対等に表現の自由の権利を行使できる。それが共和国の民主政治を支えているのです。

この政教分離と世俗主義という近代社会の原則を確立したものはフランス革命だとわれわれはつい考えてしまうのですが、実は、カトリックの影響はその後もずっと残るのです。とりわけ、フランス周縁部の中層から上層で脱宗教化が進んだのは60年代だった。それでもまだ、この地域では、カトリック的な心情はずっと保持されてきた。トッドはそれを「ゾンビ・カトリシズム」と呼びますが、カトリック的なものは意識の潜在レベルでしっかりと生き残ってゆく。

しかもおもしろいことに、まさに、カトリック的な意識を強固にもったものたちが「表現の自由」や「共和国」を強く主張したのです。そしてここにトッドの主張の核心があるのですが、それをもたらしたものは、カトリックの信仰の崩壊であり、一種の宗教上の危機だったというのです。

それまで自明のものとして生活のなかに根付き、精神の安定を支えてきた宗教上の信念や信仰が崩壊する。それは根底的なアイデンティティの危機をもたらす。神も救世主も聖書も司祭ももはや自己を支えるには値しない。こういうニヒリズムが、逆説的に「表現の自由」や「共和国」をことさら持ち上げることとなったのです。

かくて、たいへん皮肉なことに、フランスの中でももっとも権威主義的で宗教的伝統の強い地域や階層を中心にして「表現の自由」や「共和国の精神」が叫ばれることとなった。従来、自由と平等の共和国にもっとも批判的であった人々がもっとも強く共和国を擁護したのです。しかもそれは、決してカトリックがそのままで生き残っていたからではなく、その信仰が崩壊した後に、それを穴埋めする確かな価値が見失われていたからでした。そこに、この地域のもつ「人類学的基底」である権威主義が重なりあった。それが「私はシャルリ」といわせたのです。

だから、「私はシャルリ」には実は隠された裏の意味がある。それは、「私はシャルリ」は、ただ一般的に「表現の自由」を唱えたのではなく、異文化や異宗教を風刺したりバカにしたりする権利の主張であった、ということになる。「表現の自由」で擁護されるものは、実はイスラム教徒をバカにすることだったのです。

しかもこの権利を擁護することはフランス人の義務とされた。宗教的なものへの冒瀆や風刺は擁護されなければならないのであり、表現の自由を認めずに宗教的蒙昧に身を浸す（とみなされる）イスラム教徒は風刺されるべきだ、というのです。

そして、実は、このメンタリティは反ユダヤ主義と同じものだ、とトッドはいいます。19世紀末の反ドレフュス感情と反ユダヤ主義、そして、今回の反イスラム感情は精神的に同根であり、さらにいえば、今回のデモを主導した層は実はかつて親ナチスだったという。それをひっくり返して表現したのがフランス共和国万歳だ、ということです。

私には、トッドのこの議論の妥当性を判断するだけの材料はありません。実証的な観点からこの仮説が支持されるのか否かはわかりません。しかし、確かにこうした屈折、あるいは逆説をもちこまないと、常識を逸脱したような「私はシャルリ」や今回の反イスラム感情は理解できません。それは「自由」や「民主主義」という「われわれ」の側の価値についても、多くのことを考えさせてくれるのです。こうなると、そもそも、西洋の自由や平等の精神とはいったい何だったのかといいたくなるのです。

共和国の精神とフランス革命

トッドは、実は、こういいながらもフランス革命の精神、本当の「共和国の精神」を擁護しようとしているのです。なぜなら、今回のデモや反イスラム主義や「私はシャルリ」を唱えるものは、本来のフランス革命の精神の体現者ではない、といっているからです。「私はシャルリ」の正体を暴露することで、この過剰なまでの、そしてひずんだ「フランス共和国の擁護」は、決して、本物の「フランス共和国」へ向けられたものではない、というのです。こうした地域や階層の権威主義的なメンタリティはもともとフランス革命には批判的だった。それは決して本来のフランス革命の精神を体現したものではない、ということです。

しかしそれではフランス革命の「共和国の精神」とは何なのでしょうか。これはトッドも述べていることですが、フランス革命は、ちょうどこの時期にとりわけフランス中央部で生じたカトリックの崩壊に続いて生じた。ここでもまた宗教的危機が起きていたのです。このアイデンティティ・クライシスがまたあの「人類学的基底」をあらわにする。フランス中央部の人類学的基底である「平等性」がことさら強く表現される。それが、フランス革命の自由と平等に結実するのです。だから、自由と平等という共和国の精神とは、実は、宗教的危機の帰結であり、また、人類学的基底の装いを変えた表現だ、ということになる。

とんでもないことをいうものです。確かに、トッドの議論はフランスでは異端どころかまったく敵視されたようですが、それもわからなくはありません。われわれが近代社会の自明の原理として受けとっている自由や民主主義や人間の権利といった理念について、その深層にある何かぞっとするものを掘り出してしまったようにも見えるのですから。

トッドの議論に対する私の違和感はまさにそこにあって、こうなると、もはや啓蒙主義が生み出した自由・平等・博愛などというフランス革命の精神、近代の共和国精神というものさえも無邪気に信用できない、ということになるからです。ところが、あくまで西欧文化圏にいるトッドは、今日の反イスラム感情を高揚させ「私はシャルリ」を叫ぶデモ参加者もヒステリックなフランス政府も真の共和国の精神を失っている、という。

言い換えればフランス革命が切り開いた本当の共和国の精神を取り戻さねばならない、と考えているということでしょう。

しかし、本物の共和国の精神とは何なのか。本当の自由・平等・博愛とは何なのか。こうなると簡単にはトッドには同調できないのです。

いや、実はここに西欧で生まれた、自由や平等や民主主義や共和国といった思想の隠された次元が浮かび上がってくるように思える。それは、その根本に宗教的なものとその危機があったということです。

イスラム教もそうですが、もともとは同根であるユダヤ・キリスト教という唯一絶対神への帰依を説く宗教は、どうしても、信者だけが救われるという選良意識を植え付ける傾向があります。もちろんキリスト教、とりわけカトリックはもっとゆるやかな普遍的救済や慈悲を説きますが、それでも、その普遍主義の根底には、あくまで信仰による救済がある。なにより信仰にめざめることが必要なのです。

西洋の近代社会は、すでに絶対的な神や信仰による救済などとはきっぱりと絶縁した、ということになっている。合理的な理性による個人の自己努力こそが大事なのです。しかしそれにもかかわらず、キリスト教がもたらした「思考習慣」もしくは「隠された思考」の形は残るのです。

フランス革命は神を支配者の地位から引きずりおろしたかもしれませんが、それは、神に代えて「自由」「平等」「人権」を神の位置に祭り上げたのでした。「自由」「平等」「人権」が神になり、人々はこの新たな神にぬかずくこととなった。民衆は「自由の女神」という新たな神に付き従ったのです。

しかし、これは一種の自己矛盾を孕んでいます。この新たな神は、実は、自分たち自身だからです。人間が神の座についたわけです。「自由」「平等」「人権」という新たな神を高々と掲げることで、人間（市民）が神（主権者）になったのです。革命の旗印に従うものの言説は無条件に「自由」であり、彼らは相互に「平等」であり、彼らの「権利」は全面的に保護される、というものです。こうして、ここには新たな価値に従うものの選良意識がでてくる。「自由の女神」に付き従わないものは、あらかじめ排除されてしまうのです。

フランス革命ほど、そのことを露にした歴史的事実はそれほどないでしょう。「自由」と「平等」はあくまで革命主体である市民階級にのみ適用され、僧侶や貴族、それにまた他国人は排除され、王党派の人々は追放されたのです。「博愛」とは、日本語の「博愛」とは違って、同志的な友情といったような意味なのです。「自由」と「平等」の旗を高々と掲げ、かつその旗にぬかずいた「同志」だけが選ばれし民であった。これは、古代ギリシャの「自由」と「平等」そしてやはり「同志的友情」で結ばれた「市民」と同じことです。彼らもまた、奴隷や異邦人や捕虜とは違って選ばれた人々だった。そしてこの選良意識がアテネをして、他のポリスへの侵略を正当化したのでした。

アメリカ独立にせよ、フランス革命にせよ、王政を倒し（あるいはそれから分離し）「近代」を切り開いたとされる革命の背後には、このような宗教的意識が働いていた、というべきでしょう。

もともとが「新たなイェルサレム」の創出を目指した宗教難民によって建国されたアメリカの場合には、このユダヤ・キリスト教的背景はもっとはっきりしています。いや、背景どころか、すっかり舞台上に姿を現していますが、いずれにせよ、アメリカの「自由」も「平等な権利」も「神」が与えたものである以上、ここには、ある種の選良意識が存在することは間違いありません。ギリシャの「市民」は、ローマの「市民（キビタス）」を経て、アメリカでは「文明（シヴィライゼーション）」にまで自らを特権化してゆくのです。

「知」を失った民主主義

これが西洋の「自由」や「平等」や「民主主義」や「人権」といった観念の基本構造なのです。かつてフランス革命を批判したイギリスの政治家であるエドマンド・バークは次のようにいいました。

自分は人類一般の権利などというものは見たこともない。自分が知っているのは、イギリス人の権利であり、フランス人の権利である、と。それらはそれぞれの国の文化的風土や歴史的経緯のなかで作り出され、それをあたかも相続財産として受け継いだものだ、ということです。

これは自由や平等といった観念にも妥当することで、人類一般の普遍的自由や平等というものはありません。すべてはその国の文化や規範や習慣のうちに生成するものなのです。なぜなら、無制限の自由などというものは決してありえず、それは必ず何らかの規範によって制約され、タブーを持つ。その規範やタブーはその国の歴史のなかで作られる以外にないからです。

また、平等の観念も無制限の平等などありえず、必ずそれを限定する差別化を前提とするからです。民主主義といっても、抽象的で一般的な民主主義などありません。それは常に、その国の社会構造や文化によって条件づけられるのです。

それを、ユダヤ・キリスト教の神のごとく、絶対的正義として普遍化してしまったために奇妙なことが生じてしまった。「自由」を絶対的な正義とみなしたために、人は自分と異なった価値観をもったものをいくらでも中傷し、誹謗し、非難する権利をもつことになり、平等の名のもとに、異なった価値観をもったものを排除することになるのです。ここにあるのは、「自由」や「平等」を唱えるものの自己特権化以外の何ものでもありません。

そして、今日、アメリカとフランスというまさしく「近代」を切り開いたとされる二つの共和国で、この自己特権化が著しく生じているという事実はいささか皮肉でもあり、また興味深いことなのです。両者ともに、イスラム過激派の無差別テロによって攻撃にあうや否や、真っ先に口をついて出た言葉は、「これは自由や民主主義への攻撃であり、文明を守らなければならない」ということだった。彼らを攻撃するものは「野蛮」であり、自分たちに同調しないものは「文明」の味方ではない、といったのです。

例外的な事態の出現において、たちまちこのような言説が飛び出してくるところに、私は、西洋が生み出した「自由」や「民主主義」の選良意識を見てしまうのです。

確かにそうかもしれないけれども、それでいいではないか、という人がいるかもしれません。実際にこれらの理念はすばらしいもので、それを生み出した西洋が強い自尊心のもとに自己特権化をはかるのも当然ではないか、ということです。「われわれ」日本人も明治以来、この西洋の「文明」を学んできたのではないか、と。

しかし、それに対しては次のようにいいたいのです。「自由」にせよ、「平等」にせよ、「民主主義」にせよ、「人間の権利」にせよ、きわめて取り扱い困難な観念であって、それは大声で叫ぶものではなく、われわれの生活を円滑にするための基本的な条件ぐらいにみなしておくべきだということです。それは目的ではなく、あくまで条件なのです。にもかかわらず、それらを絶対的な正義に祭り上げたとたんに、人は致命的な思い上がりに陥りかねない。

なぜなら、繰り返しますが、自由を絶対化したとたん、それを限定する規範や道徳律はただただ自由に対する無用な制約としか見なされません。平等を絶対化すれば、平等を限定する差異や多様性の承認は忘れ去られ、権威は平等に対する障害とみなされるでしょう。権利はその背後にある義務の観念を忘却しようとするでしょう。己に対する制約を失った自由や平等や権利の観念から成り立つ民主主義が機能不全に陥るのは当然でしょう。誰もが自己の権利を主張し、それに対する障害にぶつかれば、それを批判、攻撃する自由をもち、平等の名のもとに他人の足をひっぱることに喜びを覚えるような社会は、民主主義であれ何であれうまくゆくはずはありません。しかし、今日の自由・民主主義はまさにこの種のものになり下がりつつあります。

われわれはそろそろ自由や民主主義の就縛から解き放たれなければどうにもならないでしょう。いや、自由や民主主義そのものが悪いとか無意味だといっているのではなく、それを絶対的な正義とみなすという自己就縛からさめるべきだ、といっているのです。

それを万能の神のごときものとみなしてしまえば、問題があれば、すべて、「自由が制限され、民主主義が実現していないからだ」ということになる。自由や民主主義を目的にしてしまうと、この目的はいつまでたっても実現しませんから、常に、「自由を妨げ、民主主義を阻害する敵がいる」ということになる。

しかし敵とは実は自分自身なのではないでしょうか。表現の自由を自己目的にしてしまうと、どこまでいっても充足などしません。利益や欲望を満たすという自由もどこまでいっても充足しない。問題があれば常に民主政治が何とかしてくれるなどと思えば、いつまでたっても政治不信から抜け出られません。どこまでいっても不満は増幅し、いらだちと相互不信は膨張するだけなのです。

根底にあるものは、自由や民主主義という価値の絶対化が、人間のとどまるところを知らない我欲と驕りをたきつけてしまう公算が大である、ということです。それは人々を、どこまでいっても驕り高ぶった、しかし、いつも不満タラタラの存在にしてしまうでしょう。古代ギリシャの民主主義がうまくいったのかどうかはよくわかりませんが、少なくともギリシャでは人間の驕り（ヒュブリス）が何よりも強く戒められた。それに、あのソクラテスが民主主義を批判したのは、それが過度の自由を与えることで人間を野放図なまでに我欲へと陥れると考えたからです。それを抑えるものがあるとすれば、ただ「真理」へと向かう「知」への敬意だけだとソクラテスはいった。

しかしながら、民主主義とは、要するに数を頼んで自己の利益やいい分を通す競争なのです。それは哲学的精神とはまったく相容れないものだ、とソクラテスはみていたのです。またキリスト教の伝統の中では、人の上に神をおく宗教的精神がかろうじて人間の自我と欲と驕りを抑止しようとしたのでした。こうしたものが、何とか自由や民主主義の暴走に歯止めをかけたのです。しかしながら、その西洋においても、もはやその暴走を食い止めるものはなくなってしまった。

近代社会は哲学上の「真理」も宗教上の「神」も目のかたきにしてきた。それらはともに、合理的に検証も実証もできない思い込み、あるいは「形而上学」だとしたのです。しかし、ソクラテスは、「真理」が何かはわからないが、それがある、としておかなければ人間の知的活動などありえない、という。知的活動はともかくも「真理」へ向かおうとするものだからです。そして、真理を知ろうとするその態度がまた善い社会を作り、善く生きようという政治活動にも反映されるべきだとしたのでした。

そのときに、人は、「真理」や「善」への奉仕者になり、政治は幾分かは謙虚なものとなったはずでした。しかし、ギリシャの民主主義者たち（ソフィストたち）は、ソクラテスがいうような「真理」も「善」も放棄し、人間こそがすべての尺度であり、力こそがすべてを生み出すことができる、とみなした。

このときに、民主主義は「知」という根本的な支えを失ったのでした。

第十章　トランプ現象は民主主義そのもの

なぜ「非常識」が支持されるのか

２０１６年のアメリカ大統領選挙は、かつてなく世界中の関心を集めています。アメリカ大統領はアメリカ国内のみならず世界中に大きな影響を与えますから、世界から注視されるのも当然なのですが、それにしても今回は異常といってよいでしょう。

いうまでもなく、トランプ現象のおかげです。この相当に特異なキャラクターが登場しなければこんなことにはならなかったでしょう。共和党の単なる泡沫候補だったはずの不動産王ドナルド・トランプが、選挙戦が始まるや破竹の快進撃をしたからです。

いまの段階では、最終的にどうなるかわかりません。本当に大統領にまでなるのかどうか、わかりません。しかしいずれにせよ、すでにこれだけの支持を集め、話題を提供し、旋風をまきおこしていること自体が、今日のアメリカの陥った混迷を映し出しています。

何か禽獣を思わせるような身振りと顔つきで、話すというより吠えるといった印象を与えます。「勝つ、勝つ、勝つ」と吠え、「カネだ、カネだ、カネだ」と吠えるたびに支持者の歓呼があがるという画像をみていると、いったい大統領選なのかプロレスの興行なのかよくわからなくなってしまいます。まさしく大統領選という出し物を興行しているのです。

しかし、トランプが支持されるにはそれなりに理由もあり、それは、彼ほど、今日のアメリカの陥った苦境に正面から立ち向かおうとしている候補者は他にはいない（ように見える）からでしょう。アメリカの陥った苦境、それは、冷戦以降のグローバルな世界秩序構想への過度のコミットメントです。自由主義的なグローバル市場の形成、グローバル民主主義の理想、中東への介入、日本や韓国との同盟によるアジアの地域安定、イスラム諸国との対立といったことです。このグローバル秩序形成のなかで、アメリカはもはや経済的に圧倒的な力を保持できなくなり、外交は失態続きです。

というわけで、今日、アメリカはのんきに世界の事態に関与している場合ではない。

中東やアジアなどほっておけ。イスラム教徒との摩擦の原因は、アメリカの寛大な移民政策にある。このままではまたイスラム過激派のテロの標的になりかねないぞ。また、なぜアメリカがアジアの安定や繁栄に尽力する必要があるのか。日本も韓国も自前で防衛すればいいではないか。ＴＰＰもやめてしまえ。こういうことになる。

こういう感覚がアメリカ社会に広く拡散しており、トランプほど、この社会意識に訴えた候補者はいないのです。もちろん、イスラム系をアメリカから追い出す、メキシコとの間に壁を作る、世界の紛争には関与しない、日米安保体制も場合によっては解消するといった彼の政策は、それだけをとりだせばめちゃくちゃですが、この、徹底した「アメリカ・ファースト政策」あるいは「新モンロー主義」を採らねばアメリカ経済は再生しない、というトランプのメッセージは、実際には、多くの大衆が感じていることなのです。

トランプは脇におくとしても、確かに今日必要なことは、どの国もグローバルな資本主義や民主主義を掲げて覇を競うことではなく、もっと適切に「内向き」志向へと戻ることでしょう。だから、民主党でも「民主社会主義者」を自任するバーニー・サンダースが思いのほか健闘し、ヒラリー・クリントンの圧勝というわけにはいかなかったのです。グローバルな金融市場ではなく、国内でカネをまわし、医療や福祉を整備し、雇用を生み出すことこそが本来の姿なのです。先進国全体が低成長へ向かい、新興国も一時の勢いを失い、世界経済全体が少しずつ減速しているような時代には、グローバル競争は経済を不安定化します。格差もうまれる。それなら、「内向き」になって国内の足場を固めることこそが重要でしょう。

この状況ですから、従来のアメリカの現実主義的な世界への関与という「常識的」なやり方ではもはやどうにもならない。実際、オバマ政権はなにひとつ目立った成果をあげることはできなかった。今回の候補者のなかではいうまでもなくヒラリー・クリントンがもっとも外交の「プロ」なのですが、ヒラリーの支持がもうひとつなのは、従来の現実主義的なやり方ではどうにもならない、という意識が強いからにほかならない。したがって、常識からもっとも遠い、トランプの「非常識」が支持されるのです。

しかし、トランプ現象には、その政策論とは異なったもうひとつの次元があります。実際、こちらの方がトランプ現象の本質というべきもので、政策論などはある意味ではどうでもよいことなのです。

それは、ここまで、アメリカ政治が、集会やメディアを通じて、大仕掛けの出し物になり、壮大な興行になってしまった、ということです。そして、その裏には巨額のカネが動いている。大統領のひとつの条件は集金力だとはしばしばいわれることです。そして、トランプが言いたい放題の「放言王」かつ「暴言王」なのは、実は、支援者からの寄付ではなく、自らの資産を湯水のごとくつぎ込めるからにほかなりません。カネがあれば権力も買えるということです。どういう形にせよ、巨額のカネが動く騒々しい壮大な見世物、これが今日のアメリカ大統領選挙の実態ということになった。

こうなると、共和党主流派とされるマルコ・ルビオやジェブ・ブッシュというような「常識的」な穏健派はどうしても分が悪い。興行師としてのカリスマに欠けるのです。なんといっても見栄えがしないのです。

トランプの登場に対して批判的、というよりも、一気に警戒心のレベルをマックスまで引き上げたワシントン・ポストなどのジャーナリズムは、トランプおろしのキャンペーンを展開し、トランプが当選すれば民主主義が破壊される、というわけで、いまや世界中の主要なメディアがトランプを引きずりおろそうとやっきになっている。ところが、このいかにも「常識的な」あわてぶりがまた、逆にトランプの個性を際立たせてしまう、という皮肉な事態になるのです。

大統領選は野蛮で騒々しい見世物

大事なことは、トランプ現象の登場は、決して反民主主義的なものではなく、それこそが民主主義そのものだということです。大衆の歓呼によって指導者を選ぶ。一方、指導者たらんとするものは、大衆的歓呼をいかに引き出すかに腐心する、それこそが民主主義の核心にほかなりません。民主主義が大衆（デモス）による統治（クラティア）である限り、大衆の歓呼によって選出される指導者こそが民主政治の第一人者なのです。民主政治を確立した古代アテネでは「民主政治（デモクラティア）」は、両義的な意義をおびた言葉でした。

一方で、アテネ市民たちは、すべての市民が対等・平等に政治に関与する民主主義を誇りにすると同時に、それに対する深い危惧ももっていた。そもそも「デモス」とは、ポリスの行政区をさして、そこに住む住民のことですが、さらにさかのぼれば、その語は古代ミケーネのダーモスという語に由来するようです。ダーモスとは「土地」や「土地をもつ人」を意味する言葉で、それが、ミケーネ文明の崩壊とともに、ダーモスたちが「土地」を失っていった。その時に、ダーモスは、土地も財産ももたない貧しい人という意味に変化し、さらに、彼らが政治的権力を得るとともに、ダーモスは、アテネにおいて、土地所有者ではないが支配権をもつ人々という意味あいの「デモス」へと受け継がれるのです。

この「支配権」は「クラティア」の語が意味するところで、さらにいえば、クラティアのもとになる「クラテイン」とは、支配する、征服する、威勢を誇る、といった含意を持つ言葉だったようです。つまりこの場合の「支配」とは、力を頼んだ強圧的な支配を意味していた。だから「デモクラティア」つまり「デモスがクラトス（権力）をもつ」とは、もともとは財産をもたない階級の人々が「支配権」をもって、かなり強引なことをする、という意味を含んでいる。

これからもわかるように、ここにはまず貴族階級と大衆との間の確執がありました。そして、デモスが支配権を獲得して貴族を牛耳るという意味がある。もちろん、貴族はそれを恐れた。しかも、貴族だけではなく、多くのアテネ人にとっても、民主政治は、一種の野蛮で予測のつかない威嚇的な支配形態にも思われたのです。実際に、民会は、野蛮で騒々しい見世物の様相をも呈したのです。プラトンがこれを「劇場支配（テアトロクラティア）」と呼んだのもうなずけなくはないのです。

だいたい予想のつくことですが、貴族の支配を民衆支配（デモクラティア）に変えたからといって、それで政治がよくなるという保証はどこにもありません。貴族が党派争いをしたように、民衆もまた党派争いに陥るのです。そこで一部の民衆は一部の貴族と結託して、支配権を得ようとする。賄賂も誹謗中傷も横行するのです。民衆は、自分たちの党派に属する貴族や有力者を支配者にしようとする。

したがって、民主主義とは、民衆支配の形をとりながらも、民衆が、自分たちが支配されるのに都合のよい人物を指導者に祭り上げるシステムだということになる。民衆は自分たちが選んだ人物(たいていの場合、貴族や有力者)によって支配されるのです。民主主義とは、自分たちの支配者を自ら選ぶという政治にほかならなかったのです。

このことは確かに、民衆の意思で社会を変え、世界を変える可能性に道を開くでしょう。そのことによっていわば世界観も変わってゆくでしょう。世界は自然や生まれや身分によって与えられたものではなく、こうあるべしと意思すればそのように変えることができる、ということです。人々の意思や人為や欲求がここに強く働きかけてくる。ところが、実際には、意思も欲求も人によってその内容が違っている。社会はかくあるべし、というそのイメージも人によって異なる。誰もが自らの思いに従って社会の変革を求めるようになる。

そこで人々は、自分たちの欲求を主張し、それを実現してくれる指導者を選ぼうとするでしょう。そのために党派を作って競い合うでしょう。この競い合いに敗れて自らの欲求が実現できなかったものは、その政治に不満をつのらせるでしょう。かくて、民主政治は常に不満分子を生み出し、また、新たに彼らの主張を実現してくれる指導者を選ぶために、政治は不安定になり、社会はそれまで以上に不確定なもの、偶然的なもの、恣意的なものによって揺り動かされてしまうのです。

社会が変化するといえば聞こえはいいのですが、それがよい方向への変化かどうかはまったくわかりません。ただただ、右へ左へと波間をただようだけで、決して先へは進んでいない、ということにもなる。しかも、そもそもこの社会という巨船の向かう目的地などというものは最初からどこにもない、ということになれば、政治は、様々な党派による自己利益や欲望の実現をめぐる闘争そのものになってくるでしょう。

もちろん、国家や歴史の向かう方向に確かな目的などというものははなから存在しないともいえます。そんなユートピア思想はヘーゲルやマルクスに毒された近代の産物に過ぎない、ということもいえるでしょう。

実際に、政治に必要なことは、その都度その都度、不都合な箇所を改善してゆく改良主義だ、というのも十分に言い分はあるでしょう。

しかし、民主主義のもとで、ある程度社会が成熟してくると、人々の関心も不満も、多種多様になってきます。「自由」や「多様性」や「個性」がますます「共通了解」を難しくしてしまう。また、平等の観念は、人々の間に生じるわずかな差異や差別に対して人々の意識を過敏にさせるでしょう。こうしたことの結果、社会を「改革」したはずなのに、そのことがますます問題を生み出し、不満を生み出す。そこでますます「改革」への要求が高まる、という悪循環に陥りかねません。

ギリシャ人は、もともと、高い敬神の心をもった民族で、「神」や「自然」の秩序にさからえば人間社会に罰が下る、という思想をもっていました。災いをもたらすものは、「神」や「自然」の秩序を犯す人間の愚かさにある、と信じていた。人智を超えた秩序は人に対しては与えられたもので、政治とは、本来、その自然の秩序をよりよい形で実現し、「神」の意思に従って社会を動かすものだった。それを民主主義は崩してしまったのです。だから、多くのギリシャ人にとっては、民主主義は、人間がその領分を越えて自らの欲望を充足させようとする「傲慢（ヒュブリス）」に陥った政治体制だと警戒したのです。

崩壊へのパラドックス

だから、これを逆からいえば、民主主義とは、確かに一種の革命的な意味をもっていた。それは、「神」や「自然」によって与えられた秩序の存在をもはや信用せず、人間にはその矩や法を超えてはならない領分があるという信念もすべて放棄したところに成立する革命的な思想だったからです。それはひとつの世界観の転換だったのです。ところが、そこに同時に、決定的なパラドックスも生じたのです。それはこういうことです。

民主主義は、人間の意思や欲望を全面的に解放し、それに対する制約をとりはずす、という意味で「人間中心主義」に基づいています。プロタゴラスの述べた「万物の尺度は人間にあり」という思想です。この思想に基づいて、民主主義は、たえざる社会変革を可能とする。「民主主義は永遠に続く革命である」というわけです。

しかし、プロタゴラスの「万物の尺度は人間にあり」でいう「人間」とは誰なのか。実は一人ひとりのことなのです。つまり、一人ひとりの人間が自分の尺度をもって自分の価値をつくる、ということです。価値は人によって違うのです。だからここにでてくるのは価値相対主義にほかなりません。

誰もが、自分の意思や欲望をもち、社会への要求をもつ。こうなると、社会全体をまとめる価値も共通了解もありません。いや、民主主義とは、まさに、全体によって了解された価値などというものはどこにも存在しない、というある種のニヒリズムから出発するのです。

するとどうなるか。進歩などという観念は意味を失ってしまうでしょう。相対主義のもとでは、社会変革は可能ですが、それが進歩なのかどうかまったくわかりません。共通の価値の尺度を認めないのだから、社会のある「改善」が本当に「改善」といえるのかどうかなどわかりません。ある人にとっては進歩でも、他の人にとっては改悪なのです。民主政治とは、この社会の全体像や歴史の方向について、共通の合意も了解もありえない、という前提で成りたっているからです。

ということは、社会の方向を決めるものは、ただただ多様な、しかも相互に衝突しあう価値の間の競争だけになる。たいていの場合、人々は似たような価値を奉ずるものが集まって党派を作りますから、これは政党間の競争になる。ただこの競争にはルールがある。つまり、討議がなされ、それに基づき政権交代がなされる、ということです。ルールに基づいた権力闘争なのです。いいかえれば、権力闘争によって政権交代がなされ、指導者が変わるたびに、社会変革の方向が変わってしまうのです。この巨大船はどこかへ向けて進んでいるのではなく、その都度その都度の波に対応して右へ左へとただ揺れているだけだ、ということになってしまう。これは、たえず、政治に対する不満を引き起こすでしょう。

ここに民主主義のもつ決定的な矛盾、パラドックスがあります。これはきわめて重要な点なのです。それは、ただ論理的な想定といったようなものではなく、現実にいくらでも生じていることで、しかも、まさにそのことによって、民主政治という政治体制が、自らを崩壊へと導いてしまう、という種類のものなのです。

ギリシャ人たちはそのことに十分に気付いていた。だからこそ、プラトンは、民主政は、たえざる不満分子を量産し、その結果、その不満分子に支えられた僭主を生み出すことで必然的に崩壊する、と述べたのでした。もとをただせば、この事態をうみだすものは、民主主義が前提とする無条件の自由であり、その自由をすべての人に平等に付与するところからくる相対主義だったのです。人間のその時々の思いや知識を超えた真理や絶対的な価値はいっさい存在しない、というのが民主政治の前提であり、それを支えるのがプロタゴラスの人間中心主義だった。そして、人間が、自らの意思ですべてを実現する権利をもつ、と主張した途端、人は「ヒュブリス」の仕掛けるわなに落ち込む、というのです。

それでもギリシャ人たちは、まだしも、「神」や「自然（ピュシス）」や「ヒュブリス」をもちだすことで、何とか民主政治の堕落に歯止めをかけようとしました。しかし、「人間が自らの意思で何でもできる」というプロタゴラス主義の全面的な展開をみた現代社会では、もはや民主政治の堕落を食い止めることはたいへんに難しくなった。本当の真理や正義などというものがなければ、弁舌を駆使して真理らしくいいつのり、正義らしく見せかけ、ともかくも大衆を引き付ければよいのです。

かくして民主主義は、実に見世物の様相を呈してくる。「らしく見せかける」競争が政治の行方を左右することになる。

にもかかわらず、一方で、政治が決定し、行政が処理しなければならない問題は増え続けます。大衆はますます多くの事項を政治に要求し、日常生活のなかでふってわいてくる不満を政治にぶつけるでしょう。政治家たらんとするものは、とてつもなく膨大な要求事項を引き受けなければなりません。「オレならすべて解決してみせる」と大見得を切らなければなりません。こんな不可能に近いことをまともに引き受ければ、本当は大衆からは見放されるか、あるいは自分の身がもちません。

で、どうするか。政治家は、大衆を引き付けるパフォーマーとならざるを得ない。もはや、まともな政治的公約などというものも意味を失い、ただただ大衆の情緒や情念に訴えかけ、それでもって票を獲得するほかないのです。そのためには自分に「力」があることを誇示する必要がある。そこで、カネは「力」を担保するものとなる。どれだけカネを集めるか、カネを使うことができるかは「力」の象徴となる。かくて、カネを背景にした「力」は「正義」になってゆく。これが、今日のアメリカ民主主義の実像といったところでしょうが、実は、それはすでにギリシャの民主主義において十分に問題となっていたことなのです。

ですから、トランプ現象を批判することも簡単ですし、これを民主主義の堕落形態ということも簡単です。しかし本当のことをいえば、これこそが民主主義というものだと割り切らねばなりません。トランプはただただ「アメリカを強くする」「オレは勝つ」と吠えまくり、ヒラリーは「アメリカをひとつにする」と呪文のように唱えているだけなのです。まさに「力こそが正義だ」といわんばかりなのです。外交政策や経済政策の具体的内容などもはやどこかへ吹き飛んでしまい、大統領候補は、ただただ「私には力がある」とみせるほかない。これほど、わかりやすく単純なメッセージはありません。肉も身もすべてそぎ落とし、まさにむき出しの骨だけの民主主義になってしまったのです。

民主主義を恐れた建国者たち

繰り返しますが、今日、われわれがアメリカの大統領選挙に見ているものは、トランプという特異なキャラクターの登場による民主主義の堕落とか変質といったことではなく、民主主義の本質なのです。民主主義の思想的な核心が「人間中心主義」、いいかえれば「人々が主権者である」というプロタゴラス主義にあるとすれば、政治は何を掲げようと価値相対主義の壁にぶつかるのです。すると「人々」をまとめるものは指導者が誇示する「力」と「影響力」しかありません。それが「見世物」になるのは何の不思議もありません。実際、それは古代ギリシャにおいてすでに問題になっていたことだったのです。

さて、こうしたことを前提にすれば、建国時のアメリカの指導者たちが民主主義を恐れたという事情は十分に理解できることではないでしょうか。少なくとも、彼らは政治というものがよくわかっていた。

実際、イギリスからの独立を果たしてアメリカ合衆国を立ち上げた連邦主義者（フェデラリスト）たちは、今日われわれが考えるような民主主義者というわけではなく、むしろ民主主義に対してはずいぶんと警戒的だったのです。

たとえば連邦政府を創設し、憲法を起草したひとりであるジェームズ・マディソンは、民主主義というものは騒乱や闘争をもたらす危険きわまりないもので、粗野な人民が政治を混乱させると考えていた。この「人民」に対する不信感、民主主義への不信感は、マディソンと一緒に『ザ・フェデラリスト』を書いたアレクサンダー・ハミルトンもまた共有するものでした。「人民の友という仮面の方が、強力な政府権力よりも、はるかに専制権力を導入する」と彼は述べ、「人民のための政治」つまり民主主義が、「人民」の名の下に独裁にも似た強権を生み出すことを危惧したのです。ほとんどプラトンを想起してしまいます。『ヴァージニア権利章典』を起草したジョージ・メイソンなどは、人民に大統領を選ばせるなど、盲人に色を当てさせるのと同様の愚行だ、といったぐらいです。

だから、連邦政府を創出するという連邦主義には、ある点では、人民による政治参加をうまく避ける意図があったのです。各州の代表者などによる代表政治は、ある種のエリートによる討議によって物事を決定するという点で、民主主義に対する警戒感からでているのです。公共意識をもった優れた少数者が、相互に対等な立場で自由な論議を尽くして物事を決定するという「共和主義」も、決して「民主主義」と等値されるものではなかったのです。

人民が、ずかずかと国政の真ん中に入り込んでくると、それは、雑多な私的利益の無秩序な混融になり、そこから党派政治が生み出され、政治は堕落するというのがアメリカ建国の父たちが概して抱懐していた気分だったのです。

そして、このアメリカ政治が文字通り、人民のものとなる、つまり本格的な「民主主義」になるのは、1829年のアンドリュー・ジャクソン大統領就任によってでした。いわゆるジャクソニアン・デモクラシーと呼ばれるものです。

奴隷を使った農場経営者として大成功した富裕な事業家であり、また屈強な軍事的英雄でもあったジャクソンこそは、まさに「強いアメリカ人」の象徴であって、圧倒的な大衆の歓呼によって大統領になったのです。彼がトランプのように吠えたかどうかは知りませんが、政党を作って全国大会を開催し、出し物とお祭り騒ぎと賄賂の中で選挙戦を行うというまさしく大衆動員の民主主義は、この時期に誕生したわけです。

後年の「民主主義者」は、このジャクソニアン・デモクラシーをアメリカ民主主義の輝かしい画期とみるのでしょうが、ちょうどこの時代に（1831年から32年に）アメリカを訪れたフランス人貴族、アレクシ・ド・トックヴィルは、多大な戸惑いを感じながら、アメリカの政治を観察していました。トックヴィルは、一方で、アメリカに新たに誕生した民主主義というものが、アメリカ社会に大きなダイナミズムを与えており、この方向は、遅かれ早かれヨーロッパをも飲み込む歴史的潮流であることを予感しつつも、それに対して大いなる危惧の念を表明するほかなかったのです。彼はこういうことを書いていました。

民主主義は平等への強い情念を呼び覚ます。しかし、この期待はいずれ失望へと変わる。こうしたことは特に下層のもののたえざる不満を生み出し、この平等を求める永遠の運動はひっきりなしに社会を動揺させる、と。そして、自由な経済によって利益をうる者たちは決して公共精神をもたないだろう。そうした私的利益の集合が多数を集めて支配するだろう、と。そして実際に、アメリカでは最上の人物が政治や公職につくのを見たことはない、というのです。民主主義がある限界を超えると、政治家の質はどんどん低下する、と彼はいう。

トックヴィルがむしろアメリカ民主主義の最上の部分と見たのは、地方の小規模な町(タウンシップ)のようなコミュニティにおける市民による自由な自治でしたが、そこでは、共和主義的な精神と宗教的・道徳的な価値がごく自然に人々の習俗のなかに根を下していたからでした。共有する価値があり、そのもとで人々は公共的活動に意義を見出せたからです。こういう習俗こそがかろうじて民主主義を支えてきたことをわれわれはもっと考えてみるべきでしょう。一方で、自由な経済競争やIT革命やグローバル金融などによって共和主義的精神も宗教的精神も道徳的習慣も打ち壊しながら、民主主義をうまく機能させるなどという虫のよい話はありえないのです。

あとがき

本書は、新潮社の雑誌「新潮45」に連載中の「反・幸福論」2015年8月号から2016年5月号を収録したものです。この連載を順次新書化していますので、これで6冊目になります。前作である5冊目の『さらば、資本主義』(新潮新書)は、経済を主要なテーマにしていました。今回は、政治論といってもかまいません。民主主義や憲法を主要なテーマにしているからです。

もともと「反・幸福論」の連載では、時事的な社会現象を取り上げながらも、それを今日の日本人の幸福観念や不幸感といった精神的・心理的意識と重ね合わせて論じようとするものでした。そこから、日本人の精神性や文化意識を浮き彫りにできないものか、と考えたのです。

しかし、この数年、政治や経済の領域で、次々と無視しえないような出来事が生じます。実際、ほとんど絶え間なくに、です。そのおかげで、なかなか所期の意図である、日本人の精神の在り方や文化へはたどり着きません。しかし、現に、放り出すわけにもいかない出来事がしょっちゅう起きてきます。

しかもそこにはまた、ひとつの大きな流れを見ることもできるのです。それは、経済の領域でいえば、グローバル資本主義がどうやらその矛盾を急激にあらわにしてきた、ということであり、政治の領域でいえば、民主政治が誰が見てもうまくいっていない、ということです。

そして、「日本」についていえば、戦後、平和憲法のもとで、民主主義と資本主義（経済成長主義）によって「繁栄」を遂げてきた、その条件が失われてきた、ということになるでしょう。

じっさい、本書のもとの連載期間である、２０１５年から２０１６年にかけては、日本のみならず、世界的な規模で、グローバル資本主義と民主政治の問題が噴出してきたのです。

こういう次第で、本書は、民主主義を、できるだけ、その根底に立ち帰って論じようとしました。できれば、前作の『さらば、資本主義』と合わせて読んでいただければ幸いです。

今回もまた、雑誌での連載に際しては、大畑峰幸さん、そして、新書化にあたっては、丸山秀樹さんのお世話になりました。6冊もよく付き合っていただいたものだと思います。改めて感謝します。

平成28年8月1日

佐伯啓思

本書は、月刊「新潮45」連載の「反・幸福論」(二〇一五年八月号〜二〇一六年五月号)に加筆を施し、改編しました。

佐伯啓思　1949(昭和24)年奈良県生まれ。京大名誉教授。京大こころの未来研究センター特任教授。東大経済学部卒業。東大大学院経済学研究科博士課程単位取得。『反・幸福論』『西田幾多郎』など著書多数。

Ⓢ新潮新書

687

反《はん》・民主主義論《みんしゅしゅぎろん》

著者　佐伯啓思《さえきけいし》

2016年10月20日　発行

発行者　佐藤隆信

発行所　株式会社新潮社

〒162-8711　東京都新宿区矢来町71番地
編集部(03)3266-5430　読者係(03)3266-5111
http://www.shinchosha.co.jp

印刷所　大日本印刷株式会社

製本所　加藤製本株式会社

ISBN978-4-10-610687-3　C0210

価格はカバーに表示してあります。